4/75 $1.—

D1205825

Le voyage intérieur

Du même auteur:

Chez le même éditeur:

- L'homme inchangé
- Les voies du possible
- L'homme qui commence
- Un torrent de silence
- La grande rencontre
- Messages pour le vrai monde
- Paroles pour le cœur
- Pensées pour les jours ordinaires
- Rentrer chez soi
- La tendresse de Léonard
- Une religion sans murs
- Une voie qui coule comme de l'eau

Autres éditeurs:

- Matière et structure (P.D.B.)
- Louis Dantin (HMH)
- Réincarnation et karma (Minos),
en collaboration avec Jacques Languirand

placide gaboury

LE VOYAGE INTÉRIEUR

notes pour accompagner
ceux qui cherchent

Mortagne Poche

Édition
Mortagne Poche
250, boul. Industriel, bureau 100
Boucherville (Québec)
J4B 2X4

Maquette intérieure
Martine Languirand
Linda Nantel

Diffusion
Tél.: (514) 641-2387
Téléc.: (514) 655-6092

Dépôt légal
Bibliothèque nationale du Canada
Bibliothèque nationale du Québec
1er trimestre 1992

ISBN: 2-89074-512-0

2 3 4 5 - 92 - 96 95 94 93

Imprimé au Canada

"Le moi est ce par quoi on a des tribulations."

Lao-Tseu

"Nous devenons parfaits plutôt par ce qui nous arrive, par notre réceptivité, que par ce que nous faisons de nous-mêmes."

Maître Eckhart

"Est-il en vérité chose plus surprenante que cette vénération à peu près générale dans le monde contemporain, qui entoure la pensée, cette fonction malade? Le péché, la faute, c'est la pensée humaine."

Jean Lerède

METTA

(la compassion bouddhiste)

Que je sois heureux
Que je sois en paix
Que je sois libéré de toute souffrance
Si j'ai fait tort à quelque être dans l'univers, soit consciemment
soit inconsciemment, j'en demande pardon
Si j'ai subi un tort de la part de quelque être dans l'univers,
soit consciemment soit inconsciemment, je pardonne tout
Que tous les êtres soient heureux

Que tous les êtres soient en paix

Que tous les êtres soient libérés de toute souffrance

Que mes amis soient heureux —

Albert, Claire, Claude, Claudette, Danielle, Denise, Étienne,
Fernande, Francine, Jacques, Jean, Lilliane, Louis, Made-
leine, Martine, Michel, Mike, Mireille, Pascal, Paul, Raoul,
Renaud, René, Robert, Rolph, Simone, Yolande —

Qu'ils soient en paix

Qu'ils soient délivrés de toute souffrance

Que tous les lecteurs soient heureux, qu'ils trouvent leur chemin
et suivent ce guide intérieur qui ne leur fera jamais défaut, s'ils
consentent à vraiment tout lui abandonner

OM SHANTI (Paix universelle de l'Hindou)
SHALOM ALEKHEM (Paix universelle du Juif)
PAIX À VOUS (Paix du Chrétien)
ES-SAKINAH (Grande Paix du Soufi)
MIGOUETCH (Reconnaissance universelle en Objibwé)

TABLE

introduction

J'ai écrit ce livre dans le but d'aider ceux qui veulent apprendre à se changer intérieurement ou qui ont déjà entrepris un certain travail spirituel sur eux-mêmes, mais qui veulent savoir plus clairement où ils vont et où ils en sont. C'est une espèce de manuel du travail sur soi, un aide-mémoire pour accompagner le voyage intérieur vers la pleine connaissance et la libération de soi-même. Il s'adresse à ceux qui cherchent ailleurs que dans les religions établies, soit qu'ils aient été trop saturés de religieux, soit qu'ils ne veuillent plus suivre sans pouvoir questionner.

La génération montante est peu intéressée à la religion — organisée, extérieure, solidement établie, aux croyances intouchables. Ces jeunes n'en sont pas moins spirituels, ni moins ouverts aux expériences profondes. Mais ce qui les attire, c'est une quête intérieure, une interrogation, une exploration personnelles, une voie spirituelle ou mystique qui permette de se réaliser pleinement corps et âme, et de transformer ainsi le monde qui les entoure. Ils cherchent à vivre à fond et à comprendre ce qu'ils vivent — ils n'entendent plus se faire dire comment vivre, ou à quoi il faut croire, à quelle tâche il leur faut se consacrer. Ils veulent être guidés de l'intérieur. C'est pour eux que ce livre est écrit.

Ce qui est d'ordre extérieur, comme l'est la religion d'autorité, est pour eux secondaire. Ce n'est pas là que se trouve leur coeur. Ce n'est plus là qu'ils sont. Ce n'est pas qu'ils soient intolérants ni blasés — peut-être le sont-ils moins encore que leurs aînés, les croyants établis. Ils sont au contraire exigeants, curieux et passionnés d'expérience, prêts à la vie pleine et au don entier.

Ils cherchent du difficile. Non le difficile gratuit — celui qu'on entreprend pour plaire à des exigences culturelles, pour mériter de la part des systèmes établis ou pour donner dans l'héroïsme militaire à la façon des "conquérants" de la foi. Ils désirent non pas convertir autrui, mais se changer eux-mêmes par une expérience profonde et définitive. Ils veulent du difficile qui soit à la fois comblant, un progrès qui ne les sépare plus de la nature, une aventure pleine de sens — **meaningful** — et éminemment utile à l'évolution de l'homme.

Ce que cherche avant tout la nouvelle génération, c'est une **expérience spirituelle** vécue, individuelle mais aussi ouverte sur la vie, sur tous les problèmes et visages de l'actualité. Elle est sensible à la fois au rappel du Bouddha ("n'écoutez pas les autorités ni les textes, mais faites votre expérience et ne vous fiez qu'à elle"), à la promesse de Jésus ("n'êtes-vous pas des dieux?"), et au message de Lao Tze ("épousez la spontanéité et le flot de la nature"). Il n'y a plus pour eux de religion supérieure, de "peuple choisi" à l'exclusion de tout autre, de groupe d'hommes meilleurs à cause de leur système de croyances — mais une humanité qui cherche ensemble, au-delà de ses divisions culturelles, une communion à l'univers des hommes et des choses, qui cherche une seule communauté d'esprit — ce tronc d'où jaillissent les multiples embranchements. Ces jeunes entre 20 et 35 ans sont moins sensibles aux distinctions subtilement maintenues par les juristes/théologiens entre la diversité des croyances, et davantage ouverts à la présence divinement humaine qu'étranglent ces croyances. C'est avant tout la lumière même qu'ils désirent, non tout d'abord ses trompeuses diffractions. Ils veulent un retour à l'essentiel, au centre, à la source en eux.

*Ce livre répond donc à un besoin spécifique. Un besoin qui est également senti en profondeur dans le milieu. Combien de fois je reçois des appels (par téléphone, par courrier ou de vive voix lors de mes visites à Montréal) de personnes qui veulent voir clair dans leur confusion intérieure. ''N'y a-t-il pas des pistes dans cette jungle, des enseignes dans ce labyrinthe? Et comment démêler toutes ces contradictions ou vérifier les réclames des diverses écoles? Que faut-il lire, comment reconnaître la valeur de tel gourou, de tel groupe, de telle pratique, de tel mouvement, ou enfin, comment relier les interprétations traditionnelles aux nouvelles connaissances scientifiques, psychologiques et psychiques?'' Beaucoup de ces questions, même lorsqu'elles sont de nature plus personnelle, ont trait à ce voyage intérieur que toute personne humaine est un jour appelée à entreprendre. On demande, par exemple: que penser des drogues? Jésus est-il la seule incarnation divine? Et que dire de la réincarnation? Est-il utile d'être végétarien? De pratiquer le yoga? Quel est le sens de notre venue ici-bas? De la souffrance? Des pouvoirs psychiques? Des religions? Etc. Non, on ne peut pas dire que cette génération ne cherche pas. Mais elle ne cherche plus là où les aînés ont cru **avoir trouvé** une fois pour toutes. Voilà ce que les aînés ne veulent pas reconnaître.*

Les livres qui traitent des nouvelles religions, des mouvements récents, de la conscience du "nouvel âge", se multiplient à travers le monde, particulièrement en Amérique et en Europe. Cependant, peu de voix s'élèvent en notre milieu pour indiquer ici les nouvelles visions et possibilités, ou pour répondre à l'appel de ceux qui cherchent dans l'inquiétude, en dehors des sentiers battus, pour entendre l'appel grandissant de ceux que les religions officielles ont déçus ou essoufflés. Il y a peu de livres de vraie **spiritualité** au Québec, comme d'ailleurs dans la chrétienté en général. Il y a certes encore beaucoup d'écrits exprimant les vues et défendant les positions d'une **religion** ou l'autre, mais peu qui s'aventurent au-delà, jusqu'à la racine des religions, ou qui se rapportent à l'**expérience du transcendant** et aux problèmes qui s'y rattachent. C'est faute de maîtres spirituels que des livres comme celui-ci doivent être écrits. Car en l'absence de maîtres, on ne peut quand même laisser sans recours ceux qui cherchent de quelque façon la paix et la lumière intérieures. Le moins qu'on puisse faire c'est accompagner dans leur parcours ceux qui **cherchent**, car ce seront eux les guides spirituels de demain.

Les thèmes du livre alternent entre leurs aspects pratiques et théoriques, sans toutefois les séparer complètement. La démarche est plutôt circulaire que linéaire ou rationnelle: plusieurs thèmes se recoupent ou sont repris à des niveaux ou à des points de vue différents. Ainsi, les thèmes clés exposés au début sous forme de paraboles, reparaissent dans divers contextes à travers l'ouvrage, comme les couleurs et les textures dans une épaisse tapisserie, ou les motifs dans une fugue.

quatre paraboles

le puits

Au fond de chaque être coule une eau silencieuse et pure. L'eau est partout la même, mais elle s'appelle différemment *agua*, *voda*, *water*, *wasser*, *eau*, *pani*. Ainsi chaque puits est unique mais l'eau est une. Tous ceux qui boivent l'eau la perçoivent toujours comme venant d'un puits. Elle n'est pas pour eux l'**eau**, mais l'*eau d'un puits*. Ce n'est qu'en descendant à la racine du puits que l'on s'aperçoit que le même courant relie toutes les fontaines où viennent puiser les mains les plus diverses.

L'eau pour l'assoiffé a le meilleur goût du monde. Quels que soient le goût particulier de cette eau ou la quantité de sels qu'elle contient, chaque homme la reconnaît à la soif qu'il a.

L'eau relie ensemble tous les êtres, elle les couve dans son sein, elle les baigne, les rassasie, elle se répand dans leur corps, elle est la substance première.

le poisson

En quête de nourriture, le poisson est attiré par l'appas. Mais ce qui le tire, c'est le pêcheur. Dès que le poisson croit avoir pris, il est pris lui-même. Mais cette prise est à la fois son piège et son passage à un autre niveau — s'il accepte de se perdre dans ce qui le dépasse. Il cesse alors d'être nourri pour devenir nourrissant.

l'aquarium

L'homme est en aquarium. Il voit le monde à travers une eau qui l'entoure de si près qu'il ne distingue plus son oeil de l'eau qui le baigne. L'aquarium est devenu son oeil. Son regard.

Aussi longtemps qu'il ignore qu'il est en aquarium, l'homme ne peut connaître ni l'eau, ni la dimension de l'aquarium, ni ce qu'il est, ni ce qui se trouve au-delà. Et lorsque l'homme veut connaître l'aquarium de l'extérieur, tout comme dans le cas du poisson hors de l'eau, son monde doit mourir.

l'iceberg

Plongé dans la mer, l'iceberg tient à sa forme, à sa masse imposante, il tient à demeurer distinct, à être autonome, séparé de tout ce qui l'entoure et le comprend. Il ignore qu'il est de la même eau que la mer, dont il est sorti et dont il s'isole comme une île.

Un peu de chaleur appliquée pendant quelque temps finit par le faire fondre et le rendre à la liberté de la mer.

la spiritualité pure

Être pleinement spirituel, c'est être libre. Libre à l'instant du passé et de l'avenir. De ce qui construit le passé et l'avenir: le Mental **(Mind)**. Le mental, c'est le commentaire ininterrompu accompagnant le film de la vie, le monologue intérieur inspiré par le **regret** du passé et la **peur** de l'avenir. Le mental, c'est la centrale à la fois des sensations corporelles, des réactions aux événements (émotions) et de l'imagination ou de la réflexion qu'elles suscitent. On peut l'appeler autrement: l'ego.

Le mental / ego s'exprime et s'entretient au moyen d'habitudes privées ou sociales — la culture —: les paroles continues qu'on se dit à soi-même, l'écrit, le parlé, les mass-media, les gestes, les actes. Le mental, c'est du construit: un conditionnement enraciné qui fait croire qu'on **est** le nom qu'on nous donne, qu'on **est** cette personnalité, ce corps, ce je. Toute l'opinion publique, c'est du mental. Toute identification au corps, aux rôles empruntés: toujours du mental. C'est pourquoi il importera tellement de comprendre tout d'abord en quoi il consiste, pour laisser se désamorcer le mécanisme d'identification. Le monde de l'émotion (la réaction excessive, en trop, vis-à-vis de ce qui se passe) doit cesser. Croire qu'il faut être émotif pour être pleinement humain, c'est un des grands leurres de la publicité. *L'émotion fait écran.* Elle fait partie de l'écran qui s'appelle MAYA — l'interprétation qui fait écran entre moi et la réalité, la croyance en la véracité de tout ce qui est expérimenté. **La MAYA** c'est l'**illusoire** interprétation et non le fait que la réalité serait pure illusion. Car tout est réel, mais à divers niveaux et à l'intérieur de certaines limites — le monde du rêve moins que celui de l'éveil, et celui-ci moins que d'autres. Mais rien de visible n'est bien réel devant la Conscience-Énergie-Compassion, un autre mot pour *"Dieu"*.

La spiritualité dans sa perfection consiste à n'être agrippé à rien, *"poigné"* par rien. Identifié à rien. Ni à son corps. Ni à ses émotions. Ni à ses idées. Ni à ses rôles. C'est-à-dire, en somme, à son ego. Être libre pour accueillir le présent dans sa totalité. Être pleinement spirituel, c'est vivre débarrassé du mental, à un niveau qui se situe au-delà du mental — le Surmental —, c'est transcender, après les avoir connus à fond: le temps, l'espace, les catégories, les couples de contraires tels que plaisir et peine, l'agréable et le désagréable, la faillite et le succès.

Être spirituel ne consiste pas à appartenir à une religion, à aller à la messe ou à son équivalent, à réciter des prières les bras en croix, à chanter des cantiques en se tenant par la main, à sourire *"comme si on était sauvé"*, à parler de choses pieuses à tout venant, à citer la bible, à mentionner à tout coup le nom de Jésus — ou celui d'Allah, de Zoroastre, de Krishna ou du Bouddha.

C'est à la fois quelque chose de plus simple, de plus radical et de plus intérieur — mais aussi de plus difficile. La voie étroite. Qui n'est pas la religion chrétienne ou une autre. Mais plutôt leur source, là où s'abreuvent toutes religions — la connaissance expérimentale, au-delà du mental, de l'Énergie-Conscience-Compassion. L'expérience qui libère du mental, du corps, de l'émotion — de l'ego.

Il s'agit de **FAIRE TOUT AVEC TOUT SON COEUR MAIS SANS ATTACHE**.

Si *"une seule chose est nécessaire"*, c'est bien d'être là dans l'instant, à l'écoute, attentif.

L'ATTENTION AU PRÉSENT, À CE QUI EST, À CE QUI SE PASSE.

Couler avec le courant, sans regarder derrière, sans regretter le beau paysage *"à jamais perdu"* qui défile sur les rives, sans non plus guetter fièvreusement pour voir si ce que l'on espérait ou craignait va apparaître. Sans aucun romantisme.

Ne pas être inquiet du dénouement, ne pas tenir les yeux vissés sur ce qui va arriver, ne pas non plus vivre dans la nostalgie du passé, revivre des scènes douloureuses ou savoureuses. N'attendre rien. Vivre, **sans le penser**, le moment présent, l'acte présent, l'expérience présente. Ainsi, dans l'acte sexuel, il ne s'agira pas d'être obsédé par l'orgasme, comme par un but à atteindre, mais d'être pleinement dans chaque instant comme si c'était tout ce qui comptait, comme si cela seul existait. Pas de performance héroïque, pas de gourmandise non plus, mais une attention pure et nue.

C'est ainsi que vivent et voient les enfants. Pris dans l'instant, sans regrets, sans projets. Être **comme** des enfants, sans être des enfants.

Des enfants, **plus** quelque chose — la connaissance de ce qui se passe, la conscience à la fois que tout est ici et que tout passe, que tout est passant, la conscience des limites de l'ego et de la souffrance d'exister, d'être un individu séparé du Tout. La force de voir au-delà des dualités. L'expérience des leçons apprises.

Des enfants, **moins** quelque chose — la naïveté, l'ignorance.

L'enfance pleine de sagesse. Être devenu *"habile comme le serpent et innocent comme la colombe"*.

On devient spirituel dès que l'on est attiré par le goût de se changer soi-même, de perdre son ego. Dès le commencement de la voie, on entre dans le spirituel, avec tout ce que l'on est, avec ses passions, reconnues mais pas nécessairement calmées, avec son angoisse et sa peur — avec ses névroses: il n'est pas requis d'être parfait pour être irrésistiblement attiré par la Compassion, par le goût de la vraie libération et le désir d'être délivré de tout mental. Le début de la voie coïncide avec la **naissance** au coeur d'un amour nouveau et inconditionnel pour Tout Ce Qui Est. Les ombres et les monstres ont cessé de nuire à celui qui les a reconnus et acceptés. Le soleil attendu ou simplement perçu suffit déjà à dissiper les ténèbres.

la voie

La voie spirituelle dont il est ici question est une voie tellement universelle et fondamentale qu'elle a fini par s'appeler simplement La Voie. On y entre lorsqu'on s'est convaincu soi-même qu'il n'y a pas d'autre sens à la vie, que c'est la seule issue possible. Ce cheminement n'est aucunement celui de l'intellect, de la raison, ou d'une curiosité de dilettante. C'est une voie unique, avec ses conditions, ses exigences et ses pièges.

Elle se situe au-delà du mental, cette dimension en nous qui s'identifie à la raison, à l'émotion et aux sens. Le mental, c'est la même chose, sous un angle différent, que l'ego — le petit moi qui s'accroche à tout ce qui passe et l'enduit d'émotions, d'interprétations, de concepts. *Il s'agit de perdre cet ego. C'est en cela que consiste en somme la Voie.*

Celui qui entre sur la Voie perdra petit à petit les limites de ce moi égoïste comme une rivière se perd dans la mer. Le courant est sans retour. Une fois éveillé, dit Ram Dass, il n'y a plus moyen de se rendormir. Une fois que l'on sait en quel sens on doit aller, que l'on saisit la signification de la démarche, de l'évolution humaine, de l'univers dans son ensemble — une seule de ces découvertes suffirait —, on ne peut plus feindre d'ignorer. La sortie du domaine de l'ignorance ne peut conduire que dans une direction: la conscience totale — qui s'y trouve déjà au point de départ, un peu comme le pilote qui demeure caché des passagers, ou le code génétique au coeur de la semence.

La Voie est la même pour tous quant à son point d'arrivée et ses étapes nécessaires. Mais le mode de déroulement, c'est-à-dire, le rythme, les circonstances, les leçons et difficultés, est adapté à chacun et en ce sens, la Voie est unique. Elle est donc une pour tous mais le **cheminement** est unique à chacun. C'est donc dans quelque chose d'universel et d'individuel à la fois que s'engage celui qui cherche. Il appartient à la lignée ancienne de ceux qui sont attirés de l'intérieur comme ce poisson qui, croyant attraper un ver est en fait attrapé par un homme. Il est attiré par la Compassion, l'Amour infini et incompréhensible auquel il veut s'exposer sans réserve. Mais le voyageur croit que les biens à escompter flatteront son ego et que le but final sera de telle ou telle façon — *"je serai illuminé"* — alors que ce qu'il **cherche** c'est en somme, à son insu, la **perte** de tout ce qu'il est. Il s'engage dans ce qui est pour l'ego **une voie sans issue**. Et c'est ce que *"veut"* le Soi — la dimension divine en chacun de nous et ce qui nous attire (ou nous pousse) sur la Voie. Celui qui s'engage sur la Voie est celui pour qui le Soi parle plus fort que l'ego. Le chercheur cède à une **attraction**: *"ma pesanteur, c'est mon amour"*, disait saint Augustin.

La Voie spirituelle est une. Les hommes et femmes de toutes traditions qui s'engagent sur la Voie appartiennent à une même famille, partagent en commun une même expérience, se reconnaissent dans tous les co-voyageurs. La Voie s'appelle aussi la mystique, qui est la quête intérieure de l'unité, par quoi les liens de l'ego sont brisés et la personne est libérée pour un amour sans condition. La mystique est ce qui distingue l'**exploration spirituelle appuyée sur l'expérience personnelle**, de toute autre recherche (intellectuelle) propre au théologien ou à l'étudiant des religions. L'expérience mystique est le fondement de toute religion, sa racine, sa source. Alors que la religion au sens entendu ici — l'expression extérieure, organisée, sociale, rituelle, dogmatique, de cette expérience primordiale — est comme le branchage sortant du tronc. Puisque toute expérience spirituelle transcende tout mental, c'est-à-dire toute culture, toute expression intellectuelle ou émotive, elle est par ce fait même au-delà de toute *"religion"*. Chaque personne qui connaît d'expérience la conscience transcendante qui est le champ de l'expérience spirituelle, communie à une source unique au-delà de toutes les expressions religieuses. Tous ceux qui s'expriment sur cette expérience une fois qu'ils en sont sortis ne **disent** pas la même chose, justement parce qu'en quittant le domaine du Surmental, ils retombent fatalement dans les schèmes culturels habituels, dans le mental, dans la religion. Mais leurs expressions renvoient toutes à une même réalité, une et universelle.

Dans ce livre, je m'adresse à ceux qui entrent sur la Voie ou y ont déjà fait un bout de chemin, à ceux qui cherchent, non en simples curieux, ni intellectuellement, mais avec tout leur être. Avec la conviction de pouvoir trouver ce que d'autres ont déjà connu. D'ailleurs, il n'en tient qu'à chacun d'entreprendre cette quête, qui est possible à tout être humain. Certes, elle est un don dans le sens que l'on ne décide pas froidement de devenir spirituel. C'est le coeur qui est *"pris"* et qui *"voit"* au-delà du mental — c'est le *"troisième oeil"*, l'oeil simple dont parle l'évangile. L'appel est affaire d'amour. Et si l'on ne tombe pas amoureux par décision, on peut tout de même disposer son coeur en cultivant ce qui s'appelle les qualités **yin**: les valeurs intuitives, réceptives, créatrices — les caractéristiques de l'hémisphère droit du cerveau.

Cette quête est contradictoire: on doit la vouloir de tout son coeur et en même temps ne pas du tout s'en préoccuper. Comme disait un mystique du 16e siècle, Ignace de Loyola: *"faire comme si tout dépendait de soi, s'abandonner comme si rien n'en dépendait"*. Avoir un esprit comme la pointe d'une flèche qui ne *"pense"* qu'à la cible, et cependant ne pas se prendre au sérieux, ne pas vouloir qu'il se passe ceci plutôt que cela, être pleinement indifférent — jusqu'au rire même — quant à l'issue du voyage. Faire le chemin, faire ce que l'on a à faire avec la plus grande diligence et laisser le dénouement aux mains qui s'en chargent. Ne pas se prendre pour Atlas. Car ce n'est pas nous, en fin de compte, qui faisons le *"travail"* — tout en nous et dans l'univers se fait spontanément suivant un rythme de maturation prédéterminé par une mesure intérieure, par une intelligence infiniment sage, prévoyante et ouverte au moindre indice.

Sri Ramana, un des plus grands saints de l'Inde moderne, disait que nous sommes tous un peu comme ce voyageur qui, assis sur la banquette du train, tient absolument à porter sa valise sur ses genoux plutôt que de la déposer sur la banquette. Il croit vraiment que c'est lui qui porte le fardeau. Telle est l'illusion de l'ignorance. *"Pardonnez-leur car ils ne savent ce qu'ils font"*. L'ignorance de l'ego. La Voie consiste à en prendre conscience et à changer la situation de bout en bout, dans la mesure du possible.

La Voie enfin est pratiquée par un petit nombre. Elle est étroite, dit l'évangile. Le difficile ou le meilleur n'est pas populaire comme le serait l'abondance ou le confort. Aussi ne doit-on pas se modeler sur la majorité pour parvenir au but cherché, ni s'attendre à être compris ou appuyé par elle, si l'on veut explorer l'inconnu. La Voie est un cheminement dans la souffrance sur un fond de joie, d'une joie qui est durable, mais pas nécessairement exprimée par la gaieté. Car si l'on sait avec certitude que l'on est aimé sans condition par l'infinie Compassion, on ne souffre pas moins d'être mal compris de ceux qui nous entourent.

C'est pourquoi il faut garder le silence sur ces expériences et ne pas se livrer au premier venu, fût-il en autorité. Pour cette même raison, il s'agit, en ces questions, de répondre simplement aux demandes lorsque quelqu'un cherche une information, sans offrir des connaissances qui pourraient n'être pas comprises ou acceptées.

Le cheminement que je pratique — ma façon, si vous voulez, de suivre la Voie — est surtout ce qui s'appelle le **jnana yoga**, qui est le yoga de l'attention, de la conscience, de l'étude, de la foi pure. Le yoga est la discipline qui refait l'unité totale de l'homme, en dissolvant l'ego dans le Soi. Le yoga, qui est en somme la Voie, peut se pratiquer de plusieurs façons dont je ne retiendrai que les trois principales: le **jnana yoga** (prononcé *gyana*) — pratiqué par Shankara, Jean de la Croix, Ramana Maharshi, le Bouddha, les maîtres Zen); le **bhakti yoga** — la voie de la dévotion (Ramakrishna, François d'Assise, Ananda Moyi Ma, Rumi, Inayat Khan); le **karma yoga** — la voie du dévouement social, de l'action engagée (Ghandi, Vincent de Paul, Mère Thérèse, Kriyananda, Ram Dass, Elizabeth Kübler-Ross).

Cependant, le jnana yoga que je pratique et qui inspire ces pages n'est pas rigide ou exclusif. Il s'y trouve plusieurs éléments puisés aux deux autres yogas et exprimés dans les thèmes de la compassion, de la vie active, de la prière. Les trois yogas forment une tresse, une spirale où chaque fil appelle ses deux complémentaires. Ainsi, la complexité de la Voie apparaîtra davantage dans toute sa richesse.

le retour

L'univers est en respiration continuelle. Comme un immense poumon, comme un mouvement de systole-diastole ou le sac et le ressac de la mer. La matière se raréfie, se condense, se déplace, s'abolit, se transfigure. Un Protée. Un kaléidoscope infini. L'invisible se fait visible — un temps —, le visible se fait invisible — un autre temps. Involution. Évolution.

Involution. L'esprit devient matière. L'infini s'enferme dans des limites. L'invisible se manifeste. L'idée prend corps. L'esprit perd quelque chose, se sacrifie, commence à souffrir, se réduit en devenant matière, qui est de l'énergie **condensée**, figée, gelée. Il y a perte d'une liberté, d'une omniprésence, pour entrer dans un lieu, un moment, une individualité. Ainsi le Soi qui choisit de prendre forme s'obscurcit, se voile, **s'oublie**.
Pour chaque être individuel il en est ainsi. On descend — c'est la Chute — dans la matière, **se souvenant** vaguement d'une vie antérieure idéale, libre et pure. Ce souvenir devient une nostalgie qui pousse à la conquête d'un rêve. Mais pour conquérir ce rêve d'une libération totale, il faut dépasser le mensonge du voile. Car la vérité seule nous libère.

Connaître la vérité de ce que l'on est, d'où l'on vient et pourquoi l'on entreprend ce voyage nous fait sortir des limites de l'incarnation, nous fait sortir de la souffrance. Platon appelle la vérité **aletheia** (léthé: l'oubli) — c'est-à-dire la perte de l'oubli, le retour dans la souvenance, le re-souvenir, le RAPPEL. C'est l'Évolution. L'immense et irrésistible attirance vers l'in-fini.

Dès le moment où l'homme commence à se poser des questions sérieuses sur le sens de son cheminement — de son éloignement de la source — il entre sur la Voie du retour, il entend l'**appel** qui le ramène à sa racine, comme le fil d'Ariane ou les miettes laissées par le petit Poucet pour se retrouver à travers le labyrinthe de la vie. L'homme alors **se rappelle à lui-même**, il entre en lui-même — car la source, l'origine est en lui, non ailleurs.

L'obscurcissement, le voilement, l'état de souffrance que constitue la chute dans la matière en fait vraiment une "vallée de larmes", aussi longtemps que l'éclairage intérieur ne se manifeste pas ou n'est pas reconnu. La souffrance de la vie sur terre est bien l'école maternelle où l'on apprend les leçons de base. C'est par la souffrance, habituellement, par cette confrontation des limites, difficultés et cloisons-bornes de la condition humaine que l'on finit par ouvrir l'oeil intérieur, celui du coeur. (C'est alors qu'en croyant saisir l'hameçon, le poisson est saisi par le pêcheur invisible.)

Le voyage de l'ensemble de l'humanité à travers les temps suit ce même mouvement respiratoire. Tout évolue à un certain niveau et chaque partie du tout évolue selon son rythme particulier. Les cellules du grand corps — les individus dans le tout — suivent leur propre phase de croissance et de décours. Tout s'involue également en prenant sans cesse naissance sur terre ou ailleurs. Les galaxies elles-mêmes meurent en s'entre-choquant ou en dissipant leur énergie dans un trou noir. Pour renaître ailleurs et plus tard. (C'est alors la fin d'un monde, mais non La Fin du Monde.) Les anciens védiques parlent de **kalpas** — de milliards de milliards d'années avant que l'univers, ce corps divin, ait achevé la moitié d'un mouvement respiratoire — l'expir — l'involution. Et il y a l'évolution. Après un grand nombre de respirs, le Corps se repose, le dieu entre dans le silence et la paix. C'est la fin d'un cycle. D'un jour de Brahman, présence infinie et insaisissable qui inclut toutes ces mutations.

Ainsi l'homme part du repos, entre dans l'activité de la vie, aspirant toujours à retrouver ce repos — qui est déjà en lui. Tout est en l'homme. Le commencement, le parcours, la fin. L'involution dans la matière qui est la souffrance et le domaine du conflit, l'évolution qui en surgit comme le *yin* du *yang*. Toutes les potentialités existent dans l'homme. Pour chaque individu, le monde entier est en lui: le monde, nous disent les bouddhistes, c'est les cinq sens plus la pensée et l'émotion. Tout y est. On crée tout à partir de ces matériaux.

On peut comprendre l'Homme selon une diversité de grilles. La grille la plus commune divise l'être humain en trois: le physique, le psychique (mental) et le spirituel. Mon intérêt étant tout d'abord spirituel, j'ai préféré suivre la division utilisée par les traditions spirituelles bouddhiques et hindoues qui retiennent plutôt les deux pôles de l'homme: l'ego et le Soi. Dans ces traditions spirituelles, le Soi transcende tout: on accentue moins les distinctions entre le physique et le psychique, qui deviennent un seul domaine, celui de l'ego. Lorsque je parle du mental, cela recouvre donc l'ego, comprenant le physique (les sensations), l'astral (les émotions), et le mental (les pensées).

L'homme est un cocktail composé de plusieurs niveaux d'énergie de densité diverse.

Au *premier niveau*, il y a le **corps physique**, qui est fait de l'énergie la plus dense, de la matière physique qui donne l'apparence du solide (mais qui, selon les physiciens ne l'est pas). Ce domaine correspond à une conscience sensorielle — le monde des cinq sens, qui est très délimité. Le corps physique est l'enveloppe du corps mental, qui le précède et le préforme, comme une matrice, un pattern de base. Ce corps mental peut donc subsister intégralement même une fois qu'un membre physique est amputé. À la transition (la mort) le corps physique est abandonné comme un vêtement.

Le *deuxième niveau* d'énergie échappe aux sens. C'est le **mental** — *MIND* — qui est un corps (un centre, une concentration d'énergie) aussi bien que le corps visible, mais doué de propriétés plus puissantes et plus fines. Ce corps — gestalt, pattern d'énergie qui se manifeste par exemple dans la photo Kirlian — est fait de pensée et d'émotion. Il correspond à un niveau de conscience plus élevé, ouvert à la dimension universelle des idées, des sentiments, des aspirations. (Entre le corps physique et le corps mental (*"soul body"*, *"corps astral"*) il y a une fine enveloppe d'énergie qui maintient ensemble les deux corps et qui à la transition se dissout habituellement après quelques jours). Le corps mental demeure après la transition — il se retrouve à son plan propre qui est appelé le paradis (qui n'est pas le ciel ultime, le ciel spirituel). Il enveloppe le corps spirituel, appelé aussi corps de lumière.

Le *troisième niveau* d'énergie est sans limites: c'est le corps spirituel. Il est la manifestation du **Soi** (Atman, Logos), de la présence en l'homme de la Compassion-Énergie-Conscience infinie. Il est sans faiblesse, en dehors du temps et de l'espace. Il ne peut mourir. Il est conscience cosmique, béatitude, paix. Guérison. Connaissance. Omniprésence. À la transition, il quitte le corps physique, et dans le cas où la personne a atteint à la libération spirituelle complète, il laisse tomber aussi le corps mental. Dans les cas les plus habituels, il continue de guider l'entité mentale dans son pèlerinage à travers les divers mondes, les nouveaux apprentissages, vers une connaissance toujours plus complète de la réalité.

S'il est vrai qu'entre les deux premiers niveaux d'énergie-conscience (le physique et le mental), il y a une différence radicale qui représente des millions d'années d'évolution, le passage du mental au spirituel exige un saut absolu. Il n'y a vraiment pas de pont aménagé entre le monde spirituel et ce qui le précède: l'intellect (pas plus que le sensoriel) ne peut saisir le spirituel, il ne peut qu'y mener comme à un seuil nouveau qu'il ne lui est pas permis de franchir. Le spirituel demeure pour lui *"terre promise"* mais jamais possédée. Le mental est le monde de l'**ignorance** par rapport à celui du Soi.

C'est ainsi que la pensée védantique et bouddhiste considère le monde mental individuel et limité (appelé ego ou *"small mind"*, petit esprit), comme incluant à la fois les sens, la pensée et les émotions, qu'elle distingue complètement du monde surmental (ou non-mental) appelé **SOI** ou **BIG MIND**, grand esprit — Mental Universel, Conscience Universelle. La division entre le Soi et le non-Soi se retrouve chez saint Paul, ainsi que chez Eckhart et dans la spiritualité germanique, bien que le langage y soit différent: ils parlent du vieil homme (ego) et de l'homme nouveau (Soi), ou du fils des ténèbres et du fils de lumière; du perdu et du sauvé, de l'esclave et du fils, de l'ancien Adam et du nouveau.

Cette division m'apparaît la plus utile pour mon propos. Je comprendrai donc dans le mental (mind) tout ce qui est contenu dans la pensée, l'émotion et la sensation — que je distinguerai du Soi, qui transcende le mental / ego, c'est-à-dire qui est spirituel. Ainsi le corps / ego / mental est entendu comme distinct de ce qui le transcende, le non-mental, le sur-mental — le Soi.

L'homme vient sur terre pour redécouvrir le Soi, en travaillant sur lui-même, en apprenant à s'éveiller à plus grand que lui, en accueillant sans exception tout ce qui se présente, en perdant sa vie illusoire et ignorante. L'évolution consiste justement à passer d'un état à un autre, d'une conscience endormie à une conscience éveillée. À croître sans cesse, à comprendre davantage, à embrasser plus de réalité, pour atteindre enfin une acceptation sans limites. Pour devenir tout. C'est un apprentissage à l'Amour-Connaissance, à un amour pur et universel qui est à la fois une connaissance libre des limites de la pensée. C'est à travers tout ce qui arrive, les expériences, les événements, les rencontres, les conflits, que l'individu apprend à dépasser les limites de son univers, à cesser de s'identifier à son corps, à son système de valeurs, à sa culture, à ne pas s'agripper, à perdre sa petitesse, en apprenant à partager et en soulageant la peine des autres.

La voie du retour n'est pas automatique. On peut rester au même niveau (souffrir) aussi longtemps qu'on le veut. Rien ne nous force à avancer. Rien ne nous punit de l'extérieur. C'est à nous de choisir et d'assumer nos responsabilités. De sorte que, si on le veut, on peut aller très vite dans la mesure où on accueille la vie comme elle se présente, sans s'y attacher — tout en accomplissant de tout son coeur la tâche donnée. Certains apprennent leurs leçons très vite et passent à l'au-delà à un très jeune âge.

Évoluer vers l'universel, hors des limites de l'individuel est ce que chacun de nous veut au fond de son coeur. Posséder un bonheur qui dure, c'est sortir du temps, cesser d'être menacé par le changement, échapper à la mort. Mais on n'y échappe justement qu'en ne voulant plus y échapper. En cessant de s'agripper, on cesse de souffrir. En acceptant pleinement la mort, toute mort, elle cesse d'être un obstacle et devient une entrée, une ouverture. On apprend à ne plus vouloir que ce qui est. À vouloir seulement ce qui arrive, à désirer même ce qui se présente. C'est le retour. Le retour à l'éternité, à la paix totale, à la liberté originelle. La boucle se referme ici-bas, pour reprendre à un autre niveau, comme un trapéziste s'échappe d'un bond pour être saisi par un autre trapéziste qui se balance dans le vide. Et la danse continue.

nourriture et corps

Il faut bien se connaître soi-même si on veut *"progresser"* sur la Voie. Se connaître au niveau du corps tout d'abord, puisque le corps est ce qu'il y a en nous de plus évident, d'immédiat et de facile à atteindre. Avant de s'arrêter sur un régime alimentaire, je pense qu'il faudrait tout d'abord visiter un naturopathe-homéopathe (un médecin qui utilise la nouvelle médecine *"holistique"*, qui, elle, requiert une conscience de la nutrition, des herbes, des énergies yin et yang, de l'ensemble de tout l'être). Et, si le naturopathe était aussi un chiropraticien, on apprendrait à mieux prendre conscience du corps dans sa musculature, son ossature et ses organes internes. (La médecine allopathique — en somme la plus grande partie de la médecine occidentale —, utilise surtout les **drogues**, visant plutôt à guérir les **symptômes** sans aller à la source du mal, et à cause du peu de cas qu'elle fait de la nutrition et de la vraie nature des drogues, elle traite souvent le patient comme un cobaye. Il y manque une vision d'ensemble, une approche holistique.)

Parce que le **dharma** — le rôle à jouer pour être en harmonie avec l'ensemble — est unique à chacun, chaque corps est aussi unique et réagit à l'environnement d'une façon unique au monde. Il exprime un rapport particulier entre matière et esprit. Il faut donc apprendre soi-même à connaître sa constitution physique, avec l'aide d'un professionnel.

Un des traitements les plus efficaces proposés par la Nouvelle Médecine est le jeûne. Jeûner comme le disait un médecin, c'est confier son corps aux mains de 10.000 spécialistes. Le corps sait mieux que quiconque se guérir lui-même si on lui en laisse la chance. Parmi les grands avantages du jeûne à l'eau ou aux jus (de fruits ou de légumes), il y a le fait que pendant un jeûne de plus de trois jours, le corps brûlera et digèrera ses tissus et cellules qui sont malades, vieillissantes ou mortes. Le corps se nourrit à même sa substance, mais tout d'abord des cellules malades ou excessives (par exemple, la graisse). Le second avantage, c'est le rajeunissement des cellules, qui se produit précisément par l'élimination des cellules vieilles ou mortes. Le corps se rajeunit, se purifie, se fortifie par le jeûne. Beaucoup de maladies peuvent être ainsi éliminées ou prévenues.

Une fois le jeûne fini, on pourra en prolonger les effets par une diète suivie de très près. Mais avant de vouloir connaître ce qu'il faut manger, il serait bon de savoir ce qui nous manque ou ce que nous avons en excès. S'il nous faut surtout des protéines, il sera difficile de ne pas incorporer dans le menu des grains, des noix et des fèves soya (si l'on est végétarien) ou de la viande et des produits laitiers (si on ne l'est pas). Si l'on a tendance à être diabétique, on devra éviter toute pâte et tout alcool. La liberté en somme se jouera à l'intérieur de limites bien déterminées. On ne doit pas partir du présupposé que la vie spirituelle guérira le corps — ce qui n'est pas non plus exclu — mais que l'on doit mettre son corps en ordre avant d'entreprendre un long et difficile voyage.

Il s'agit donc tout d'abord de **se guérir** de ses maladies et désordres organiques et psychologiques, avant de songer à *"être spirituel"*. Par le passé, on a parfois loué le mépris du corps jusqu'à soutenir, comme l'ont fait les moines du désert, que l'esprit n'est fort que dans un corps affaibli. Mais la vie intégrale et équilibrée d'une conscience spirituelle ne s'accorde avec aucune forme de jansénisme ou de puritanisme — qui font partie du mental à dépasser.

Il faut non seulement tenir son corps en santé, en réduisant la consommation de nourriture et en diminuant son sommeil, mais exercer son corps régulièrement par la marche ou la natation, le hatha yoga ou encore le tai chi et les arts martiaux japonais. Il faut beaucoup de vigueur pour entrer en lice spirituelle. Car il y a quelque chose du combat dans le cheminement de la Voie. Le combat n'est pas celui de vaincre le mal (en autrui — par la supposée conversion) mais bien de vaincre le seul mal qui existe — notre ego.

Il faut passer par une expérience de la souffrance avant d'aller au-delà, comme il faut passer par l'expérience du mental avant de le transcender. Ceux qui prêchent le contraire, disant que la vie doit être un continuel bonheur (*"enjoy"*), trompent leurs disciples crédules. Bien sûr qu'une telle doctrine attire à première vue et se vend bien, comme on l'a vu dans tel ou tel groupe de méditation, mais c'est comme si on disait à un gamin apprenant le piano: "Laisse donc ces gammes... Tu es fait pour être un grand pianiste et jouer dans les grandes salles". Non, il faut passer par une certaine discipline, il faut endurer l'état dans lequel on se trouve et ne pas se prendre pour un autre. Aux yeux de l'être réalisé, la vie apparaît en effet comme une joie totale, mais pas pour nous, du moins pas encore.

Il y a bien un combat. Cependant, il s'agit moins d'un affrontement à mort — il ne s'agit pas de *"tuer"* l'ego d'un simple coup d'épée, d'une décision volontariste — que d'un subtil mais rigoureux et persistant dépouillement, d'un **boycottage** de l'ego. Il s'agit de lui faire perdre ses illusions une à une; qu'il est réel, qu'il est permanent, qu'il peut être heureux. L'une des armes que l'on utilise c'est justement la surveillance de sa nourriture.

Bien plus que la nourriture elle-même, c'est l'**attitude** vis-à-vis de la nourriture qu'il importe avant tout de surveiller. Éviter de tomber dans tout fanatisme qui ramène tout à la nourriture et condamne tous ceux qui pensent autrement que nous. *L'intolérance est le premier indice que l'on n'est pas sur la Voie* — c'est une des manifestations les plus élémentaires de l'ego. Éviter aussi de prendre des décisions définitives et fermées à toute possibilité. Demeurer souple. Ne pas faire une religion de ses habitudes.

Toute personne cheminant sur la Voie devra se demander tôt ou tard comment elle doit régler sa nourriture, puisque la **conscience** du fonctionnement corporel se développe à mesure que s'eveille la conscience pure. On devient plus sensible à ce que l'on mange, à l'**attitude** des cuisiniers qui préparent les repas, à la quantité aussi bien qu'à la qualité des mets à notre disposition. Ici, comme partout ailleurs, c'est à chacun de faire son expérience, d'en tirer ses conclusions. En d'autres mots, c'est à chacun d'apprendre ses leçons — avec le corps particulier qui lui est donné.

Doit-on se faire végétarien pour avancer sur la Voie? Pourtant, Jésus mangeait de la viande (l'agneau, le poisson); le Bouddha aussi, de même que certains maîtres spirituels soufis et les maîtres amérindiens (qui n'en sont pas moins spirituels).*

Encore une fois, il semble bien clair qu'on n'atteint pas à la libération **à cause** de la nourriture — ou de n'importe quels outillage, moyen, ou technique. (La nourriture n'est qu'**un** des moyens à notre disposition.) Mais on se libère par l'**attitude** que l'on entretient vis-à-vis de toutes choses: moyens, obstacles, événements.

Une diète plus surveillée est d'ailleurs fort recommandable aux Nord-américains, qui mangent sûrement trop et généralement mal. Il est naturel pour un chercheur sur la Voie de se rendre sensible à ce qu'il absorbe physiquement et mentalement (par exemple, en diminuant sinon en supprimant simplement la télé), de devenir sensible à l'effet que produit sur le corps/mental toute nourriture, ainsi qu'au fonctionnement du corps en général et aux mécanismes mentaux/émotifs qui sous-tendent toute action.

À mesure que l'on prend de l'âge, que l'on se rend compte que le corps va vraiment mourir, on s'aperçoit que l'on a besoin d'un régime plus rigoureux, d'une discipline plus serrée — si l'on veut continuer de s'en servir comme d'un instrument qu'on a bien en mains. On **porte** son corps comme on porte un vêtement. Il ne faut pas s'identifier à lui mais s'en faire une monture docile et serviable.

À un certain moment, il arrivera tout naturellement que pour purifier le corps et alléger l'esprit, on se mette à jeûner de temps à autre, pour ensuite s'en tenir à un régime de fruits, de légumes et de noix. De toute façon, il vaudra la peine d'expérimenter pareil régime. On doit faire beaucoup d'essais en tous domaines quand on est sur la Voie: avant d'écarter ou d'adopter quelque chose il faudra l'avoir éprouvé en plusieurs sens. On ne trouve que si l'on cherche, et chercher signifie autant faire des erreurs que mettre tout son coeur à son boulot.

Mais si on jeûne, ce qui est fort à encourager comme moyen de se purifier de ses toxines, qu'on le fasse en suivant une méthode approuvée par un bon naturopathe, ou en suivant un livre de la nouvelle médecine, comme par exemple, ceux de

---

* Ces maîtres spirituels amérindiens fument également, ce qui peut-être voudrait dire que ce n'est pas le tabac comme tel qui serait nocif pour l'apprenti-spirituel, mais l'attitude vis-à-vis du tabac? Ce que du reste, on retrouve dans l'enseignement transmis par Carlos Castaneda.

Airola et de Shelton. De plus, il est recommandé de se donner un lavement quand on jeûne, car les poisons dont se débarrasse le corps — c'est le moyen par lequel il se guérit — doivent être rejetés et, sans selles, les poisons ne sont pas éliminés mais s'entassent dans le colon.

Une bonne façon d'acquérir une meilleure attitude vis-à-vis de toute nourriture, c'est de la voir comme une médecine, ou comme la voient les Birmanais: la nourriture n'est pas donnée pour le plaisir mais pour acquérir la santé et refaire ses forces.

Il serait également utile de connaître le rythme de digestion propre à chaque aliment. Selon Ballentine, ce sont les **jus** qui se digèrent le plus vite, ensuite les **fruits** (en moins de deux heures), en troisième lieu, les **légumes crus** et les **salades**; puis viennent les **légumes cuits**, que l'on consommera en plus grande quantité à cause de leur condensation par la cuisson, qui les rend aussi plus lourds; suivent les **grains**, puis les **protéines**. En dernier lieu, le **gras et les graisses**: dès qu'il y a présence de gras dans un mets, il prend le double du temps à être assimilé.

Les maîtres védiques distinguent trois fonctions ou qualités dans l'univers physique, trois aspects constitutifs de **toute manifestation physique**. Ce sont les trois **gounas**: **sattva**, **rajas** et **tamas**, qui correspondent respectivement à la divinité trine (**trimurti**) de l'Inde: **Brahma** (créateur-initiateur), **Vishnou** (continuateur-aiguillonneur), **Shiva** (destructeur-transformateur). Est **sattvique** tout ce qui est pur, positif et spirituel; est **rajasique** ce qui est passionné, qui aime l'activité, le gain et le pouvoir; est **tamasique** ce qui est négatif, foncièrement égoïste et apathique. Ces trois modes d'être s'appliquent à tout ce qui existe en ce monde de la manifestation, y compris la nourriture (tout cet univers, disent les Upanishads, est d'ailleurs nourriture — composés chimiques en constantes évolutions et transmutations par phagie universelle).

Est donc **sattvique** une nourriture totalement bonne pour le corps/mental, telle que fruits, légumes, noix et miel; est **rajasique** une nourriture qui est tout d'abord bonne au goût (ces nourritures sont évidemment différentes pour chacun, suivant la constitution, l'éducation et les inclinations). Il s'agit donc de manger tels mets indépendamment du plaisir qu'on y trouve (ou qu'on n'y trouve pas), mais simplement parce que c'est ce qu'il nous faut. Finalement, une nourriture est **tamasique** quand elle est franchement nuisible, par exemple, l'alcool (un peu de vin au repas ferait-il exception?)

Il n'est pas nécessaire d'être maigre pour être spirituel. En fait, les bouddhas sont toujours représentés comme étant ventrus — sans doute pour signifier la plénitude et la satisfaction totale de la conscience pure, plutôt que la bonne chair! Mais il importe de se sentir bien dans sa peau: de s'accepter comme on est avec son poids, ses besoins, ses faiblesses et ses boutons. Ceci est important si l'on veut sevrer l'identification à ce corps et perdre toute préoccupation quant au bien-être physique — sans compter les névroses.

Et comme tout peut servir à l'avancement si l'attitude d'acceptation s'y trouve, il n'y a pas de prérequis quant au genre de corps (ou d'esprit) qu'il faut avoir: c'est celui qu'on a qu'il nous faut.

Nous devons le respecter, ce corps, le soigner, n'en pas abuser — en somme, nous en servir comme d'un outil précieux, ce qu'il est en effet. Dans l'évolution spirituelle le corps a sa place — qu'il s'agit justement de lui garder. Tout est là.

Ce n'est pas le corps qu'il faut faire maigrir, mais l'ego.

Après diverses expériences en ces domaines, il m'a semblé que les suggestions suivantes pouvaient être utiles.

- Manger pour satisfaire la faim, pas plus.
- Manger moins de gros repas, manger plus souvent et moins.
- Manger très lentement (peut-être même en silence), en étant conscient de toutes les étapes de la manducation: lever la bouchée, goûter, mastiquer, avaler.
- Manger uniquement des mets utiles au corps (éviter à tout prix les *"junk foods"* — les aliments-friandises.)
- Manger dans une atmosphère joyeuse. Ne pas entretenir de sujet triste ou émotif.
- Boire beaucoup entre les repas.
- Jeûner de temps à autre à l'eau ou aux jus de fruits ou de légumes (soit un weekend par mois ou un jour par semaine).

le psychique et le spirituel

L'univers entier, dont nous sommes une partie, est fait d'Énergie qui est à la fois Conscience. Une même énergie, une même conscience qui soutient, embrasse et relie toutes choses. Tout est en résonnance, en échange de vibrations, d'informations, d'énergie. Plus l'échange est total, c'est-à-dire moins il y a de blocages, plus aussi le courant est puissant. Plus alors on peut être en contact avec toutes les dimensions de l'univers. Pour celui qui est ainsi ouvert à toute énergie et qui en conséquence la maîtrise complètement, la nature devient en ses mains malléable comme une cire molle.

Cette énergie dans l'homme est multiple, à plusieurs étages. Bien qu'elle soit diffuse dans tout son être, il est utile d'en circonscrire les manifestations. L'Énergie-Conscience apparaît chez l'homme selon trois plans ou trois systèmes d'échange, qui sont les trois corps classiques. Il y a en premier lieu, le corps physique, qui contient le monde de l'énergie mécanique/chimique/électrique manifestée à travers les cinq sens. Deuxièmement, le monde invisible de l'énergie mentale ou psychique, qui contient la pensée, le pouvoir créateur ou dominateur et l'émotion, et qui est véhiculée par le corps astral ou mental. (Il y a aussi le mental inférieur qui est le domaine de l'éthérique, l'enveloppe entourant le physique, mais il s'agit justement d'un voile d'énergie plutôt que d'un corps.) Troisièmement, il y a l'énergie spirituelle, qui est énergie pure, pensée transcendante, émotion transcendante, amour pur, pouvoir infini. Cette troisième dimension renvoie au corps spirituel ou causal — une dimension qui échappe non seulement aux sens, mais aussi à la pensée. Elle constitue le domaine du Soi, alors que les deux précédents — le physique et le mental/psychique — sont du domaine de l'ego.

Bien que naturellement constitués de ces trois dimensions — qu'il y a bien sûr moyen de diviser encore plus subtilement — nous n'en sommes pas toujours conscients. Pour la plupart d'entre nous, la vie se passe à l'intérieur des limites du physique et du mental/psychique, qui, lui, est loin d'être utilisé à pleine capacité. Nous sommes, dit l'ingénieur Itzhak Bentov, comme un appareil-radio qui capte 4 ou 5 postes simultanément. Parmi tous ces postes, il y en a un qui l'emportera en puissance. C'est la réalité physique. Tout ce qui nous parvient par ce canal est entendu avec plus de force, alors que les autres postes qui représentent l'astral/mental et le causal/spirituel sont respectivement de plus en plus faibles. Ainsi, ceux dont les oreilles ne sont pas très sensibles n'entendront que le poste physique, alors que ceux dont l'oreille est plus affinée (on les appelle *"sensitifs"*) saisiront plus d'ondes venant des postes plus faibles. Ce qu'il faut se rappeler, dit Bentov, c'est que nous sommes capables d'entendre tous les postes à la fois. Et sans doute que notre réceptivité des postes faibles s'améliorerait considérablement si nous pouvions seulement fermer le poste le plus fort. Il va sans dire que le plus faible, c'est le spirituel. C'est la *"petite voix"* intérieure qui ne parle que dans le silence.

Nous sommes entourés, même parcourus, traversés d'ondes cosmiques, nous baignons dans une mer de communications et d'échanges. Une mer d'oscillations. Tout dans le monde est vibration, depuis l'atome jusqu'aux corps macroscopiques. Or, dans chaque atome, les oscillations passent, au rythme de 7 par seconde, du mouvement à l'arrêt (*"on"* — *"off"*), de l'action à la station, c'est-à-dire qu'il y a à chaque extrémité du mouvement pendulaire 14 arrêts par seconde. Nos corps, à l'égal des atomes qui le composent, sont des oscillateurs qui entrent ainsi dans un univers de non-espace et de non-temps plusieurs fois dans un clin d'oeil. Notre réalité est faite d'un rapide mouvement de va-et-vient entre le solide et l'invisible. Or, c'est lorsque nous expérimentons ce micro-instant de non-espace-temps, que nous basculons dans le monde extra-sensoriel, extra-temporel, extra-physique. C'est là que nous entrons dans le psychique et le spirituel. Nous y sommes donc continuellement, en quelque sorte, comme la matière elle-même.

La matière est conscience ou est consciente. C'est la partie manifeste et donc impermanente de la Pure Conscience. Car la réalité a deux composantes: un fond immuable et éternel, et un aspect dynamique, en vibration. Matière et esprit sont d'une même étoffe foncière. La matière, elle, est faite d'ondes plus larges, plus lentes — elle contient moins d'énergie — alors que l'esprit est en ondulations plus fines — il contient plus abondamment l'énergie universelle. Un exemple, suggère Bentov, nous fera comprendre cette similitude entre matière et esprit. La matière solide peut être comparée à de la glace, alors que la conscience est comme l'état vaporeux de l'eau. Mais toutes deux sont chimiquement identiques. Il n'est donc pas question de voir l'esprit comme supérieur à la matière, mais de voir plutôt la matière comme un aspect différent, une phase particulièrement dense, un gel ondulatoire de l'esprit en liberté. La matière c'est de la lumière figée, congelée. En fait, les prodiges de Uri Geller, de Ingo Swann, de Olga Warrall nous montrent que *SI LA PENSÉE CONCENTRÉE PEUT FAIRE BOUGER OU CHANGER LES OBJETS MATÉRIELS, ALORS C'EST QUE LA "MATIÈRE" DOIT ÊTRE DE LA PENSÉE.*

Il est connu, poursuit Bentov, que la fréquence ondulatoire de la terre est d'environ 7.5 cycles par seconde, que le micro-mouvement du corps au repos est d'environ 6.8 à 7.5 Hertz. Nous sommes apparemment en présence de deux systèmes en résonnance syntonisée. C'est donc dire qu'en état de repos profond, par exemple en méditation, l'être humain et le système planétaire entrent en symbiose ondulatoire: ils se transmettent et s'échangent de l'énergie. La longueur de cette onde est de 40.000 km, c'est-à-dire d'environ le périmètre de la terre. Le signal venant de notre corps circule autour de la planète à une vitesse d'un septième de seconde à travers le champ électrostatique dans lequel nous baignons. Comme nos corps oscillent environ 7 fois par seconde, la conscience **s'étend** au bout de chaque oscillation pendant un moment très court, puis elle **se contracte**. Ceci se poursuit 14 fois la seconde, comme nous l'avons vu, puisqu'il y a deux points de repos par cycle. Bien que nous n'ayons aucune mémoire de cette *"sortie"*, notre conscience peut alors parcourir de grandes distances.

Cette onde émise par le corps peut traverser les métaux, le béton, l'eau et les champs d'énergie qui tissent notre corps. C'est le médium idéal pour transmettre un signal télépathique. Or, à cause de cette vitesse quasi infinie, l'énergie qui circule est simultanément présente à tous les endroits. En effet, un véhicule faisant le tour du globe sept fois la seconde serait pratiquement **omniprésent**.

Filer à une telle vitesse est en réalité la même chose qu'être en repos partout à la fois. On est passé d'un acte momentané à un état stable. Un état de conscience différent. Un état où l'espace est simultané, c'est-à-dire entièrement dans un seul moment présent. Ainsi, l'expansion de la conscience mène à une expansion spatiale. Le temps est devenu espace. En effet, le clairvoyant dira tout naturellement: "Je me promène dans votre passé". Le temps est pour lui espace.

"Supposons, dit Pir Vilayat Khan, que vous êtes assis dans le compartiment d'un train en mouvement. Le présent tel qu'il apparaît par la fenêtre est évanescent. Si, toutefois, vous avez l'audace de monter sur le toit, votre notion du présent apparaîtra incomparablement plus vaste, mais aussi changeante, bien que changeant avec apparemment plus de lenteur. La maison que vous avez laissée derrière s'y trouve encore, mais maintenant ses habitants ont fermé les lumières. Le chemin que vous allez bientôt croiser est déjà là, mais à mesure que vous vous en approchez, une auto qui n'y était pas il y a un instant le traverse en flèche. Mais si vous étiez encore plus élevé, disons en avion, vous auriez vu venir l'auto. Le futur était déjà là — tout est présent si l'on regarde du point de vue qui permet de saisir l'ensemble dans un seul espace-temps".

L'observateur, durant une expansion de la conscience, est de plus en plus en dehors du temps-espace objectif. Il habite un espace-temps subjectif qui n'est plus mesurable par les coordonnées habituelles. Dans l'espace-temps ordinaire, les aspects subjectif et objectif coïncident, alors que durant une expansion de la conscience, ils sont séparés. Il y a un déphasage entre le physique et le psychique. Ceci expliquerait les phénomènes tels que la clairvoyance et la télépathie: la psyché devient omniprésente, car son espace-temps subjectif (le moment *"off"* de la vibration atomique) s'est étendu au point d'être aussi conscient et présent que l'espace-temps objectif (le moment *"on"* de la vibration atomique).

Plus un être évolue et devient conscient, plus la courbe de son échange énergétique augmente, c'est-à-dire, plus il peut, par la concentration et la maîtrise, parvenir à passer une plus grande portion de son temps dans l'espace-temps subjectif, où toutes les ondes circulent en liberté et sont captées immédiatement, qu'elles soient électriques, magnétiques, gravitationnelles ou acoustiques.

Selon le physicien Sarfatti, l'ingénieur Bentov et le neurologue Pribram, l'univers serait un réseau complexe d'ondes en continuelle interférence, qui sont interprétées par le cerveau selon des coordonnées qui lui permettent d'y trouver un sens. Ces ondes se croisent et se recroisent sans cesse. Il n'est pas possible, sans un instrument, d'y reconnaître directement la source de toutes ces ondulations émises à travers le temps et l'espace. C'est pourquoi, l'univers apparaîtrait à ces savants comme un **HOLOGRAMME**, et le cerveau serait cette lumière particulière qui, pareille au laser, permettrait **de le lire, de le décoder**.

Le hologramme est l'enregistrement du jeu d'interférences émises par les ondes des corps. C'est un outil qui permet de stocker l'information, une espèce de plaque photographique qui ne retient que les interférences créées par les ondes. Un exemple suffira. Prenons un bassin d'eau dans lequel nous échappons successivement trois cailloux. Les ondes créées par chacun des cailloux vont se croiser, formant un lacis de cercles concentriques. Si par impossible on pouvait à l'instant geler cette eau, on conserverait l'écriture de ces entrecroisements. Le hologramme est cette écriture qui, au moyen du laser en révèle la source. Ainsi, par le rayon concentré du laser, le *"négatif"* des interférences est développé en cailloux à trois dimensions — aussi réels que les cailloux originels. L'effet est retracé à sa cause. Or, ce qui est étonnant dans le hologramme, cette découverte qui valut à Dennis Gabor le prix Nobel, c'est que chaque portion du *"négatif"* peut reproduire les trois cailloux selon toutes leurs dimensions et sous n'importe quel angle. Cependant, si par accident on échappait la masse de glace qui contient la signature des ondes ainsi que les trois cailloux, les morceaux de *"pellicule"* ne cesseraient pas de contenir une image de l'ensemble, bien qu'affaiblie et vague.

Ainsi, chacune de nos cellules contiendrait, un peu à la façon d'un morceau de *"pellicule"* holographique, toute l'information permettant la reproduction de l'ensemble du corps. De même, chaque être contiendrait l'information de l'ensemble de l'univers. Car toutes les ondes se croisent partout et chaque être est placé en plein centre de toutes les rencontres. (C'est d'ailleurs ce qui fonde la valeur du système de divination qui s'appelle le **Yi King**.) Chaque être est en plein échange spatio-temporel de toute énergie. On est toujours en relation avec tout — **EN RÉSONNANCE** — là où toutes les vibrations se reconnaissent, s'harmonisent.

Le principe de résonnance est lié à la qualité de la conscience. Plus on est capable de résonner, de vibrer harmonieusement, empathiquement, avec les ondes de l'univers qui nous pénètrent, plus on est en accord avec l'ensemble, plus on est universel. Il y a comme un lieu où tout est au diapason — tout est **harmonique** d'un son unique —, où on entend tous la même chose, où on communie à un seul son, à une seule fréquence — un **accord** —, où tout ce qui est relié par le sens se retrouve ensemble synchroniquement, où toute affinité rassemble, en dehors du temps et de l'espace, les êtres les plus éloignés.

La qualité de la conscience consiste en la rapidité et la fidélité avec lesquelles chaque être, chaque système de l'univers, répond à ce bombardement diffus de fréquences diverses. Celui qui peut tout capter comprend tout. Il est au centre.

Pour replacer les pouvoirs psychiques dans cet ensemble, revenons à la notion d'énergie-conscience. Cette énergie-conscience universelle se manifeste chez l'homme selon trois niveaux: le physique, le mental et le spirituel. Or, c'est le mental/psychique qui nous intéresse ici particulièrement. Le mental/psychique est un mélange de pensée, de pouvoir et d'émotion. Il constitue avec le corps ce qui s'appelle le monde de l'ego. Chacun de ces aspects représente l'ego vu d'un angle particulier.

Le psychique c'est la pensée concentrée au service d'une émotion. C'est-à-dire la pensée en tant que **dirigée** vers un résultat à obtenir, un effet à produire. Car la pensée contient deux faces: l'une d'énergie dirigée par l'émotion, et l'autre, l'intelligence ou l'intuition qui elle aussi se met au service de l'émotion. L'aspect *"énergie"* est la résonnance-synchronicité, alors que l'*"intuition"* est la conscience qui saisit instantanément le dessein en toute chose. Il faut bien noter que c'est l'émotion qui domine dans le mental/psychique, et non pas l'idée, l'intellect pur ou la raison. D'ailleurs, le monde phénoménal — l'univers tel qu'il nous apparaît ou plutôt tel que nous le projetons — n'est pas le produit tout d'abord de l'intellect et de l'action raisonnée, mais de l'émotion qui se projette vers l'extérieur et dont l'intellect est le serviteur. C'est l'impulsion émotive qui caractérise l'astral/mental/psychique, qui est un domaine de **pouvoirs**, de forces dominatrices et dynamiques.

"Le contrôle et la manipulation de l'énergie émotion-
nelle, écrit Jacob Needleman, est le secret de toute
magie, blanche ou noire. Le magicien noir agite l'esprit jusqu'à ce qu'une certaine intensité de force émo-
tionnelle soit éveillée dans les personnes qu'il veut
influencer. À partir de là, selon son habileté, il peut
faire faire ce qu'il veut, car dans l'état d'agitation mentale, la puissance contrôlante de l'attention est totalement absorbée par chaque pensée qui passe et par
la passion d'agir qui l'accompagne. Dans un semblable état, l'homme est plus que jamais la proie de la
suggestion."

"La ligne qui sépare le psychique du spirituel, dit
Needleman, se trouve ici. L'homme absorbé ou limité par le domaine psychique est pris dans le monde
de l'émotion égoïste, alors que le plan spirituel transcende ce monde-là, il requiert le sacrifice de toute
attache, de tout résultat, de tout pouvoir. Il est fondé
sur le sacrifice, sur la mort de l'ego. L'homme spirituel peut devenir un magicien puissant, mais à travers
ces pouvoirs il ne reconnaît que l'action divine et la
nullité de son être propre. Il est capable de se séparer des effets produits par ces pouvoirs, il est capable
de les faire monter, de les transformer en louange;
il peut à travers eux se rattacher à l'énergie créatrice. S'il manque la foi ou l'amour, conclut Needleman,
le magique entraînera l'homme sous la domination
d'êtres désincarnés qui circulent autour de la terre
(dans l'éthérique) et qui se nourrissent des énergies
émotives de l'organisme humain. Ainsi pour rester au
service de l'Évolution, la magie ne doit pas être séparée du spirituel, qui vide l'homme de toute attache aux
pouvoirs permis à la magie."

Donc, selon Needleman, le psychique a besoin du spirituel pour être complet et trouver son sens, mais le
spirituel est complet sans le psychique. En effet, il
écrit que "le spirituel n'agit pas avec l'énergie méca-
nique ou psychique, mais avec un niveau d'énergie
tout à fait différent qui se manifeste dans l'homme
sous la forme d'une qualité extraordinaire d'émotion
et, en certains cas, dans une puissance intellectuelle
totalement inconnue du reste de l'humanité. C'est le
but de la discipline traditionnelle d'éveiller cette émotion spirituelle. Et cela se fait au moyen du sacrifice
vis-à-vis de tout attachement aux résultats de ses
pouvoirs."

L'homme spirituel ne considère pas les pouvoirs psychiques comme ayant de l'importance. Toutes les traditions sont unanimes là-dessus. C'est dans la mesure où le domaine psychique prête flanc à toute infatuation égoïste — *"ego-trip"* — qu'il est évité ou considéré avec circonspection par l'homme spirituel. En effet, on peut posséder tous les pouvoirs psychiques et demeurer sous l'emprise de l'ego. Le psychique ne garantit pas la libération. Seuls les pouvoirs qui supposent un oubli total de soi, tel le pouvoir de guérir entièrement et définitivement le corps ou l'esprit, ou encore le pouvoir de se dématérialiser après la mort, peuvent être considérés comme appartenant autant au spirituel qu'au psychique. Seuls une attitude libre, un détachement vis-à-vis de tout psychique, peuvent utiliser spirituellement le psychique et le faire entrer dans le spirituel.

Mais les pouvoirs spirituels véritables sont d'une toute autre qualité. Les spirituels du début du siècle qui ont étudié le phénomène de la contemplation dans la tradition chrétienne — Poulain, Tanquerey, Garrigou-Lagrange, De Guibert — ont noté que la vraie contemplation — appelée *"infuse"* pour la distinguer de la contemplation *"acquise"* par les efforts personnels — manifeste les caractères suivants: un désir de solitude, une incapacité de toute pensée discursive pendant l'oraison, un silence intérieur profond et un sens vif de la Présence. Cette vraie contemplation serait toujours accompagnée de ce que les commentateurs ont appelé les phénomènes mystiques *"concomitants"*, qui sont: la paix intérieure, la joie, l'amour, le sens de la Présence, les dons de l'Esprit.

En revanche, les phénomènes dits *"charismatiques"* tels que **visions, révélations, transes, paroles en langues, voix, extases, pouvoirs psychiques, télépathie, clairvoyance, lévitation** et autres manifestations du genre, ne seraient pas essentiels et on doit par conséquent s'en méfier. Ceux qui depuis quelques années se font appeler *"charismatiques"* savent bien que le seul charisme essentiel doit être **d'ordre spirituel et non d'ordre psychique**. C'est là une distinction qui n'est pas toujours établie par les dirigeants de ces mouvements. En effet, au dire même de saint Paul, la charité — **charis** en grec, qui signifie *"grâce"* et renvoie à **charitas**: charité, d'où **charisma** — cette charité est au fond Le Charisme, celui qui donne sens et valeur à tout autre pouvoir spirituel ou psychique et le seul qu'il vaille vraiment de cultiver ou d'obtenir. La grâce **(charis)** est un mot suggérant la présence en soi-même de cette énergie fondamentale créatrice, universalisante, surconsciente, et qui, transcendant toute limite de l'ego, rend l'homme transparent à lui-même ainsi qu'à l'univers qu'il porte, et capable de ce parfait échange qui s'appelle la communion universelle, sans préjugé, sans intolérance, sans refus.

Que servirait-il en effet de prier, de chanter, de pleurer ensemble ou de pratiquer le don des langues — qui est un cas très clair de transe psychique et qui n'est donc pas comme tel un don spirituel — à quoi peuvent servir ces dons si l'on n'est pas plus **tolérant**, si l'on n'accepte pas les autres tels qu'ils sont et sans vouloir les attirer vers notre camp, c'est-à-dire sans vouloir les **convertir**? Seul l'amour pur et dévoué — l'accueil et le service de **l'autre tel qu'il est** — peut transformer le monde et renouveler la terre.

"Toutes les grandes traditions, enchaîne le mystique William Johnston, parlent de pouvoirs extraordinaires qui peuvent ou peuvent ne pas apparaître au cours du voyage spirituel. De tels pouvoirs ont hélas captivé l'imagination populaire, qui a souvent identifié mysticisme avec télépathie, clairvoyance, sortie-du-corps (**OBE**), auras psychiques et les phénomènes dits occultes. Mais c'est une erreur de prêter trop d'attention à ces choses, précise-t-il. Elles ne sont guère plus que des effets seconds ou des sous-produits. Ce qui importe c'est l'expérience du Soi, la foi-amour à l'état pur, c'est-à-dire le dépassement de l'ego, en somme. Dans la tradition du yoga, l'apparition des pouvoirs psychiques signifie pour le gourou que le disciple fait des progrès. Cependant, aucun maître authentique n'encouragera un disciple à rechercher de tels pouvoirs. En effet, il faut s'en méfier à cause du danger de vanité ou d'attachement à la puissance. Fasciné par le pouvoir, on peut être distrait du but poursuivi, qui est le salut, la libération totale — **moksha**."

Les pouvoirs psychiques sont nombreux. Il serait utile ici d'en énumérer les principaux, selon une gradation qui irait du plus bas au plus élevé, c'est-à-dire à partir du mental le plus inférieur — l'éthérique: l'**hadès** grec, le **schéol** juif, l'enfer chrétien (enfer vient d'**inferos** — le niveau inférieur) — jusqu'au mental le plus élevé, qui touche au spirituel.

Chaque corps — physique, mental/psychique et spirituel — correspond à des ondes de fréquences et des états de conscience: des pouvoirs particuliers. Bien que le corps mental soit le terrain propre des pouvoirs psychiques, ceux-ci débordent des deux côtés, sur le physique et sur le spirituel. C'est donc dire que tous ces pouvoirs sont des manifestations d'énergie dirigée dans un sens particulier et accompagnée d'une intuition quelconque, d'une perception plus ou moins grande selon le niveau de conscience atteint par le sujet.

Au niveau le plus bas, celui de l'éthérique, les pouvoirs sont les suivants: la capacité de faire bouger des objets sans les toucher (poltergeists, effets de psychokinésie — PK —), la capacité de hanter des lieux physiques (fantômes) ou d'apparaître à la mort ou après, la tendance chez les personnes qui pratiquent la planchette (ouija) d'éprouver une scission de la personnalité et souvent, à la suite de cette division dans l'aura, d'attirer la domination de certains esprits désincarnés (humains défunts). Ce sont les cas de possession. Bien qu'il ne soit pas particulièrement intéressant d'en parler, la possession est un phénomène bien réel, mais ce ne sont pas des *"démons"* qui possèdent les humains, ce sont des humains défunts qui demeurés dans l'éthérique sont obsédés par le désir de posséder un corps pour assouvir leurs passions — sadisme, sexe, boisson, tendances homicidaires ou suicidaires.

Le second niveau est celui du psychique/mental proprement dit. Les pouvoirs qui y sont rattachés sont la télépathie, la communication avec les défunts, la clairvoyance et la clairaudience, la divination du sourcier, la capacité de prédire l'avenir et de percevoir les existences passées, la bilocation, la lévitation et le phénomène tibétain du **lung-gom-pa**, enfin, le pouvoir de marcher sur l'eau et de créer une grande chaleur (**tumo**) ainsi que des hallucinations assez vives et persistantes pour être perçues par d'autres.

Enfin, le troisième niveau de pouvoirs psychiques se situe à un plan nettement différent. Il est du domaine spirituel. Tels sont les dons de guérir le corps et l'esprit, de ressusciter des corps (comme l'ont fait Jésus et d'autres maîtres), de créer de la matière (comme le fait Sai Baba), de se rendre invisible (les maîtres tibétains disent que cela n'est possible qu'en cessant toute action mentale), de se dématérialiser (comme l'ont fait certains maîtres tibétains) et enfin, de se ressusciter soi-même (en prédisant la chose à l'avance). Quant à la guérison totale des autres, elle n'est possible que si le guérisseur a éliminé en lui-même tout obstacle au flot d'énergie vitale (le **chi** chinois, le **prana** hindou, le **mana** des Kahunas polynésiens). S'il demeure la moindre tension, de l'anxiété ou de la haine, l'énergie créatrice ne peut passer par le corps en toute liberté. Il ne faut plus d'ego si l'on veut guérir autrui. Il faut disparaître et laisser agir le Soi divin.

Le psychique est à la fois le prolongement et le dépassement du sensoriel. (On dit d'un psychique qu'il est un *"sensitif"* — **sensitive** en anglais — ou qu'il est doué du *"sixième sens"*.) Et c'est à cause de cette ambivalence justement que le domaine psychique est considéré par les spirituels comme terrain plein de dangers. L'aspect en lui qui prolonge le sensoriel doit être transcendé, même renoncé, si l'on veut entrer dans le spirituel. Car on n'y entre que pleinement démuni, dénué, sans pouvoirs, sans privilèges. Tout pouvoir est alors restitué, mais sans avidité, sans possessivité. Tout pouvoir alors découle de la Force de la Compassion qui rayonne du Soi.

En résumé, pour citer le Dr Rammurti Mishra, un swami de la tradition yogique en même temps qu'un endocrinologiste, un psychiatre et un neurologue: "Les pouvoirs extraordinaires occupent la place centrale dans le domaine psychique. Dans le Yoga, ce qui est central c'est "**Nirvana Kaivalyam**" (la libération absolue) où miracles et pouvoirs magiques sont considérés comme des obstacles sur la voie de la réalisation du Soi, bien qu'ils soient des produits seconds du Samadhi, de la Conscience Cosmique. Les Yogis eux-mêmes maintiennent la réserve sur ces *"miracles"*, bien qu'ils en soient familiers."

Pour fixer davantage cette vision du psychique et du spirituel, il sera utile de considérer les pouvoirs psychiques du point de vue des maîtres tibétains, qui sans aucun doute plus que d'autres, ont à la fois cultivé ces dons et en ont éminemment reconnu les limites.

Il y a donc un fossé entre les pouvoirs psychiques et ceux qui sont spirituels. En effet, on ne peut passer du psychique/mental au spirituel sans un saut dans la foi, sans un abandon total de son ego, sans la perte de tout intérêt personnel, de toute préoccupation quant aux résultats à obtenir, aux effets à escompter. Il faut ici renoncer aux fruits de l'action — selon Satchidananda ce sont précisément les fruits défendus dont parle la **Genèse** — si l'on veut accéder à un autre plan. Le sacrifice de son ego est le seul pont qui mène au-delà, dans le monde spirituel. En fait, l'accès au domaine spirituel consiste en cette perte de l'ego. C'est le cheminement qui s'appelle la Voie.

Ainsi, ce qui rapproche le psychique du spirituel, ce qui les rend semblables, c'est leur dépassement du monde sensible. On est entré dans l'invisible. Mais ce qui distingue psychique et spirituel, c'est que le spirituel transcende à la fois le psychique/mental et le physique/sensoriel. Il est au-delà de tout et il n'y a pas moyen d'y accéder ni par l'émotion ni par la pensée.

En effet, ce n'est pas en intensifiant l'émotion ou la pensée que l'on accède au spirituel. On n'arrive pas au transcendant en enrichissant au maximum le sensorium, en développant comme l'on dit sa personnalité, en épanouissant ses dons, en rendant ses sens les plus raffinés et les plus souples possible. Tout cela, c'est encore du domaine de l'ego. Non qu'il faille négliger le développement maximal de ces dons et capacités, bien au contraire, puisque l'instrument physico-mental doit être le plus souple et ouvert possible s'il veut laisser passer le courant d'énergie infinie qui sommeille en lui, mais une fois cette étape préparatoire assurée, l'accès au spirituel n'est pas garanti pour autant: le domaine du Soi est celui d'un abandon complet — on doit s'abandonner totalement, **abandonner** son ego et tout ce qu'il charrie si l'on veut recevoir la pleine libération.

Il y a bien un fossé, un saut, un vide à connaître et à franchir. Le transcendant exige une **metanoia** — un dépassement (meta) du mental/psychique (noia). La vraie conversion (**metanoia**) ce n'est pas simplement de changer de peau ou de peaux, c'est perdre définitivement toute peau, c'est-à-dire laisser tomber toute pelure mentale, tout voile interprétatif, toute obscuration, toute ignorance, qui est à la fois **avidya** et **maya**, une illusion d'optique, une *"erreur sur la personne"* réelle, erreur d'interprétation qui s'appelle le monde, la vie humaine, la culture ou le système de croyances. Quand on dit que l'on est en marche vers la libération totale — **moksha** — on veut dire simplement que des pelures s'enlèvent une à une jusqu'à la transparence, jusqu'à l'innocence du coeur qui ne se cherche plus lui-même, qui est complètement accessible à ce qui se présente. Il faut en somme que l'émotion du psychique/mental (c'est-à-dire ce qui le caractérise), meure pour que renaisse l'émotion propre au spirituel, une émotion sans attache, sans possessivité, sans passion, une émotion **sattvique** par opposition aux deux autres **gounas**: **rajas** et **tamas**. Une émotion faite de pur amour (aimer sans attendre de retour, de récompense, de fruit) et de connaissance universelle.

Ce n'est que par un renoncement, une coupure, une négation du champ de vision illusoire, par le décapage de toute **illusion d'optique** (ce qui nous rappelle le cinéma, auquel ressemble le déroulement de ce que l'on appelle **son monde**), et non en cultivant au maximum tous les dons et pouvoirs psychiques, que l'on parvient à la libération. Il s'agit d'être libéré de tout — de toute attache, de tout goût de dominer, de tout pouvoir intéressé. Et surtout, des attaches qui nous retiennent à ce qui nous attire le plus fortement, comme par exemple les mystérieux et fascinants pouvoirs du domaine mental/psychique, qui sont dans le domaine du monde phénoménal pratiquement illimités.

Le premier pouvoir extraordinaire développé par les maîtres tibétains est, selon des témoins rassurants tels que Alexandra David-Néel, Evans-Mentz et Lama Govinda, la capacité de créer le **tulpa** — ce corps fantômal produit par la concentration de l'imagination. Les Tibétains sont reconnus pour la puissance de leur visualisation. "Dans le cas des **tulpas**, écrit la Parisienne Alexandra David-Néel, ce n'est pas pour amuser les ermites que ces exercices sont inventés. Leur vrai but est d'amener le disciple à comprendre que les mondes et tous les phénomènes que nous percevons ne sont que des mirages nés de notre imagination. "Ils émanent de l'esprit et y retournent", dit l'un des enseignements fondamentaux de la tradition bouddhique tibétaine."

"La disciple de la *"Voie Brève"* veut éviter d'être la proie de l'imagination, du domaine mental. Quand l'imagination est prescrite dans la méditation contemplative, c'est pour démontrer par cette création consciente de perceptions ou de sensations, la nature illusoire de ces perceptions et sensations que nous acceptons comme réelles, alors qu'elles aussi reposent sur l'imagination; la seule différence, c'est que, dans leur cas, la création est effectuée consciemment."

"Au moyen d'entraînements intensifs, le Tibétain atteint des états psychiques tout à fait différents de ceux qui nous sont habituels. Ces entraînements nous font dépasser les limites fictives assignées au moi. Le résultat en est qu'on est amené à réaliser que le moi est composé, impermanent; et que le moi, en tant que moi, n'existe réellement pas. "Les démons, les dieux, l'univers entier, dit le maître tibétain à son disciple, ne sont que mirage qui existe dans l'esprit, qui émerge de l'esprit et qui y retourne finalement"."

Les Tibétains créent les visualisations les plus vives et les plus puissantes en vue de découvrir que tout est produit par la pensée, que le mental est très puissant, que le pouvoir comme tel est précisément ce dont on doit être conscient comme suprême conditionnement, comme piège ultime. Ainsi, le novice de la Voie Brève (la voie **tantrique** qui est la plus violente et qui est censée mener directement à la libération), le novice doit apprendre à éliminer toute peur. Pour cela, il doit affronter et provoquer ce qui lui fait le plus peur — c'est une des techniques du tantrisme. Il doit évoquer et affronter les démons qu'il invitera à un combat ou plutôt à venir se nourrir de sa propre chair. Il se placera dans un cimetière plusieurs jours de suite, au milieu des morceaux d'un cadavre dépeçé, selon la coutume tibétaine. Là, il invoquera tous les démons les plus terrifiants. Il faut se rappeler que l'apprenti tibétain croit dur comme fer à la réalité de ces êtres qu'il a passé des mois à visualiser — tout comme nous croyons avec la dernière insistance en tous les phénomènes que notre culture nous a appris à considérer comme "réels".

Certains apprentis peuvent mourir de la peur intense créée par cette confrontation. Il s'agit pour eux d'apprendre à dépasser cette peur et d'arriver à voir cette peur ainsi que les phénomènes perçus, comme autant de produits de l'imagination. Il s'agit également de se rendre compte du danger de s'ouvrir sans considération à tout esprit, car le monde du subconscient (et de l'éthérique) est très riche et puissant: celui qui n'y est pas préparé court en s'y exposant de graves périls tels que la folie, la possession, la mort. L'apprenti joue ici sa vie entière. La libération ne lui apparaît pas possible en dehors d'un tel contexte.

Les visualisations tibétaines étaient trop impressionnantes pour qu'un esprit aussi éveillé et réaliste qu'Alexandra David-Néel ne décide d'aller voir elle-même ce qui en était. ''Alors, écrit-elle, ayant mis largement au compte de l'exagération et du sensationnalisme toutes ces histoires, je pouvais tout de même difficilement nier la **possibilité** de visualiser et d'animer un **tulpa**. En plus d'avoir eu peu d'occasions de percevoir des formes-mentales **(thought-forms),** mon incrédulité habituelle me mena à en faire moi-même l'expérience, et mes efforts rencontrèrent un certain succès. Afin d'éviter d'être influencée par les formes des déités lamaïstes, que je voyais journellement autour de moi dans des dessins et des peintures, je choisis pour mon expériment un caractère tout à fait banal: un moine, court et trapu, de type jovial et innocent.''

"Je m'enfermai dans ma cellule et commençai les exercices prescrits de concentration et les rites qui les accompagnent. Après quelques mois, le moine fantôme était formé. Sa forme peu à peu se fixa et prit toutes les apparences d'un vivant. Le moine devint une sorte d'invité vivant dans mon appartement. Je sortis alors de réclusion et entrepris une tournée avec mes serviteurs et tentes. Le moine s'inclut dans l'équipe. Bien que je vive à l'extérieur, me promenant à cheval pendant des milles, l'illusion persistait. Je voyais le moine grassouillet, mais de temps à autre il m'était nécessaire d'y penser pour le faire apparaître. Le fantôme accomplit diverses actions qui sont naturelles aux voyageurs et que je lui commandais d'accomplir. Par exemple, il marchait, s'arrêtait, regardait autour de lui. L'illusion était surtout visuelle, mais parfois je sentais comme une robe me frôler et une fois une main sembla toucher mon épaule."

"Les traits que j'avais imaginés, en bâtissant mon fantôme, commencèrent à se transformer. Le gros bonhomme s'amincit, son visage prit des traits vaguement moqueurs. Il se fit davantage ennuyeux et effronté. Bref, il échappait à mon contrôle. Une fois, un berger qui m'apportait un présent de beurre vit le **tulpa** dans ma tente et le prit pour un lama vivant. J'aurais dû laisser le phénomène poursuivre son cours, mais la présence de ce compagnon indésiré commença à m'énerver; il devint un cauchemar éveillé. De plus, comme j'organisais mon voyage à Lhassa et avais besoin d'une tête tranquille, je décidai donc de dissoudre le fantôme. J'y parvins, mais seulement après six mois de dur combat. Ma créature mentale tenait fort à la vie."

"Il n'est rien d'étrange dans le fait que j'aie pu créer ma propre hallucination, conclut la grande exploratrice. Le point d'intérêt c'est que dans ces cas de matérialisation, d'autres voient les formes-mentales qui ont été créées."

Un autre pouvoir propre aux Tibétains est celui du coureur **Lung-gom-pa**. Le lung-gom-pa est un être en transe qui peut courir (ou plutôt toucher légèrement le sol) à une vitesse incroyable, pendant des jours entiers, sans éprouver aucune fatigue, sans même être essoufflé. Ces techniques s'avèrent très utiles pour le pèlerin qui doit couvrir de grandes distances. Mais elles n'ont comme telles rien de spirituel et peuvent cohabiter avec un égoïsme vivace.

Les lamas sérieux reconnaissent la réalité de ces phénomènes, mais ils leur donnent peu de valeur ou d'importance. On dit que le Bouddha se promenant un jour avec ses disciples rencontra un yogi amaigri par le jeûne. Le Maître s'arrêta devant la grotte et demanda combien de temps l'homme y avait vécu. "Vingt-cinq ans", fut la réponse. "Et quels pouvoirs avez-vous acquis par des efforts si longs et si astreignants?" — "Je suis capable de traverser une rivière en marchant sur l'eau", répondit fièrement l'ascète. "Mon pauvre homme, lui rétorqua le Bouddha, avez-vous vraiment gaspillé tant d'années pour un résultat si maigre? Pour quelques sous à peine, le batelier vous mènera sur l'autre rive." (Selon une autre version, les disciples demandent au Bouddha si les pouvoirs psychiques avaient quelque valeur. Le Bouddha, une fois la rivière traversée, remet quelques sous au passeur et répond aux disciples: "Voilà ce que valent les pouvoirs psychiques — quelques sous!")

Le troisième phénomène psychique que l'on rencontre dans la tradition tibétaine s'appelle le **tumo** — la capacité de produire une chaleur assez intense pour permettre à l'ascète de vivre avec un seul vêtement de coton au milieu des neiges et tempêtes de l'Himalaya. Mais l'ascète, bien entendu, n'a droit à aucun feu extérieur et dans certains cas, il ira sans aucun vêtement. Son pouvoir de créer de la chaleur est avant tout d'une grande utilité. Mais cette utilité fera souvent place à la bravoure, aux concours entre ascètes pour voir qui dans une seule nuit sècherait le plus de châles après les avoir trempés dans l'eau glacée. Pour pratiquer de tels exploits, il faut au préalable être habile dans diverses techniques qui ont trait à la respiration; il faut être capable d'une parfaite concentration de l'esprit, allant jusqu'à la transe où les pensées sont visualisées; enfin, il faut avoir reçu le pouvoir de la part d'un lama officiellement reconnu.

L'exercice même du **tumo** implique une longue rétention du souffle ainsi qu'une puissante visualisation du feu. Le souffle agissant sur le feu est censé attiser celui-ci jusqu'à en faire une grande conflagration. L'exercice s'achève toujours par 21 sauts en l'air, exécutés sans aide des mains et les jambes pleinement croisées. Cet exploit étonnant exigerait à lui-même assez d'énergie pour réchauffer n'importe quel corps transi!

Mais encore une fois, nous rappelle Alexandra David-Néel, "quels que soient les fruits qu'ils puissent en cueillir, les plus sages des maîtres mystiques n'encouragent pas ce genre d'exercice. Les efforts en vue d'acquérir des pouvoirs exceptionnels sont considérés par ces maîtres comme des sports enfantins sans intérêt réel. La télépathie est perçue comme le simple sous-produit d'une profonde intuition des lois psychiques et de la perfection spirituelle. Tous les lamas tibétains, qu'ils soient sages ou peu instruits, admettent implicitement que tout est possible à celui qui en a le tour, et que par conséquent, les exploits sur-naturels n'attirent pas d'autre réaction que l'admiration que l'on pourrait manifester devant un magicien compétent."

La tradition tibétaine divise les magiciens en deux groupes: le premier, qui cherche uniquement à contraindre certains dieux et démons à leur venir en aide. Ces gens croient sans hésiter à l'existence réelle et distincte de ces êtres qu'ils embauchent à leur service. Le deuxième groupe tient ces divers phénomènes que le peuple considère comme miraculeux, pour des produits d'une énergie qui vient uniquement du magicien et qui dépend de sa connaissance de la vraie nature des choses. Ces magiciens ne feront aucun effort pour manifester leurs pouvoirs, et souvent même ils demeureront complètement inconnus. En somme, ces magiciens-sages voient les enchantements et les pouvoirs psychiques comme autant de pièges qui attrapent le disciple inintelligent qui s'aventure sur la voie mystique.

Il est éclairant de voir que la façon tibétaine de comprendre le mécanisme des pouvoirs psychiques se retrouve dans les théories les plus récentes de la science. Les maîtres tibétains affirment en effet qu'au moyen de la concentration mentale, des ondes d'énergie sont produites qui peuvent être utilisées de diverses façons. La production des phénomènes psychiques dépend de la puissance de cette énergie et de la direction dans laquelle on l'aiguillonne. Nous rejoignons ici l'élément d'**émotion dirigée** qui caractérise, d'après Needleman, le domaine du psychique.

Selon les maîtres tibétains, un objet peut être chargé de ces ondes psychiques pour devenir un accumulateur électrique. Les recherches récentes ont également produit les générateurs psychotroniques; et on connaît les objets traditionnels enrichis de vibrations puissantes, tels que les talismans, les reliques, l'eau bénite, les bâtons guérisseurs et/ou destructeurs utilisés par les Kahunas ainsi que par les Pharaons — qui d'ailleurs pénétraient leurs cadavres de cette énergie pour s'assurer que ceux qui tenteraient de voler les trésors des pyramides en mourraient. "Si la conscience influence la nature physique, dit le physicien John Jungerman, elle doit également influencer les instruments avec lesquels on travaille. Ce qui veut dire que nos instruments ne décriraient pas objectivement ce que nous mesurons."

Or, soutiennent les Tibétains, cette énergie, une fois communiquée à un objet, lui verse une sorte de vie, qui rend l'objet capable de bouger et d'accomplir certaines actions sur l'ordre de son créateur. Nous retrouvons ici les phénomènes de psychokinésie, et sans doute le mythe — qui a toujours, rappelons-le, plus de vérité que le fait historique, puisqu'il se réalise constamment — de **Pétrouchka**, de **Pygmalion** et de **Pinocchio**.

De plus, les maîtres tibétains considèrent que, sans même utiliser aucun objet matériel, l'énergie engendrée par la concentration de la pensée peut se transmettre à différents points de l'espace. Nous reconnaissons ici les théories de la résonnance et de l'oscillation universelle du niveau atomique. Car c'est ici surtout que les sages tibétains et les savants modernes se rencontrent. Tous deux voient la matière comme de l'énergie, ou mieux, comme du mouvement pur et simple, de la vibration pure, alors que toute forme constituée est en quelque sorte illusoirement prise pour un objet séparé du continuum vibratoire. Tout est un, disent-ils ensemble, tout n'est que séries de processus sans permanence. Et le "je" est absent de ces processus. (La façon dont l'esprit crée un mouvement avec une série d'images immobiles ("*stills*"), comme au cinéma, ressemble à la façon dont l'esprit crée du solide à partir de ce qui n'est que mouvement, vibration, comme dans l'expérience du monde physique. Les deux processus expriment un unique phénomène: la facilité avec laquelle l'esprit peut créer de l'illusion et la difficulté qu'il a d'en sortir.)

Les maîtres tibétains, avec les Égyptiens et les Hindous, sont sans doute parmi les sages les plus grands que cette terre ait connus. Mais ils étaient aussi les plus grands contrôleurs de cette énergie cosmique qui les habitait. C'étaient des sages et des magiciens à la fois — des **MAGES** — pour qui le spirituel côtoyait le psychique et s'y sentait pleinement à l'aise, justement parce qu'ils ne considéraient pas le phénomène psychique comme un fait étonnant, et par conséquent, n'y voyaient pas un sujet d'admiration indue. Ils ne glorifiaient pas le psychique ni n'en faisaient un domaine à part, mais le replaçaient dans le contexte spirituel dont il dépendait et ne formait que l'infra-structure et le sous-produit.

Ces gens vivaient dans un monde où tout devenait facilement possible, où l'étonnement et l'innocence permettaient tous les pouvoirs mais avec l'absence d'attaches d'un enfant. Ainsi, le maître Trungpa Rimpoché (*"Précieux"*), qui vit présentement aux États-Unis, raconte un fait qui paraît aux Occidentaux plus étonnant encore que la marche sur le feu ou sur l'eau, ou même la bilocation. Il s'agit d'un vieux sage qui dit à ses disciples avant de mourir: "Quand je mourrai ne bougez pas mon corps pendant une semaine; c'est tout ce que je vous demande." Les disciples enveloppent son corps de vieux linges, font venir les lamas pour les cérémonies et récitations rituelles et portent le corps dans une petite cellule. En l'y déposant, ils remarquent que, bien que le vieillard fût de grande taille, son corps semblait avoir diminué quelque peu. On vit simultanément apparaître un arc-en-ciel sur la maison, alors qu'il n'avait pas plu. Le sixième jour, en regardant par la fenêtre de la cellule minuscule, on vit que le cadavre avait encore rapetissé. Les funérailles étant prévues pour le matin du 8e jour, des hommes vinrent pour emporter le cadavre. Lorsqu'ils défirent les langes, ils n'y trouvèrent que des cheveux et des ongles. Or, pendant tout ce temps la porte de la cellule était demeurée verrouillée et la fenêtre était trop étroite pour laisser passer un humain... La famille rapporta l'événement à son maître spirituel, le Chentze Rimpoché, pour en comprendre le sens. Celui-ci leur dit que de tels événements avaient été rapportés plusieurs fois par le passé et que le corps du saint avait simplement été résorbé dans la Lumière.

Dans un livre important, **Magical Child**, Joseph Chilton Pearce nous montre que si le bébé est enfanté normalement et maintenu en contact continuel avec la mère, il deviendra parfaitement harmonisé avec la Terre-Mère qui est sa véritable parente et, par cette fusion complète, se développera avec tous les pouvoirs psychiques qui sont l'apanage naturel de l'être humain vivant en symbiose parfaite avec sa Mère.

Peut-être que si nous laissions nos enfants vivre librement dans leur monde imaginaire, au lieu de les enfermer dans le monde étriqué du cerveau de gauche, ils n'éprouveraient pas comme nous cette peur de l'étrange, ces angoisses vis-à-vis de l'inconnu et de l'invisible, ce malaise devant le mystérieux et l'inhabituel. Ils seraient ajustés à toutes les fréquences et non pas restreints au monde physique. Peut-être aussi que cette familiarité avec les différents niveaux de conscience rendrait le monde psychique moins périlleux et moins attrayant pour le chercheur spirituel.

Comme nous en serions naturellement familiers, ces pouvoirs psychiques cesseraient d'être alléchants et séducteurs. Ils redeviendraient ce qu'ils devaient toujours être — les prolongements naturels des sens, l'harmonisation naturelle avec toutes les fréquences qui nous atteignent. Car le psychique est au sensoriel ce que l'harmonique est à la tonique — le psychique est comme une épaisseur par rapport à un filet mélodique.

Nous sommes chez nous sur cette terre, cette terre est bien notre mère. Elle est la nourrice par où nous viennent toutes les énergies de l'univers, et toutes les manifestations d'énergie qui nous baignent nous appartiennent comme un prolongement d'être. Seulement, pour quelqu'un qui a été conditionné à se voir distinct de l'univers (c'est-à-dire du placenta cosmique), à ne croire qu'à ses sens et à sa raison, le monde dans sa frange de mystère et de richesse inexplorée apparaîtra comme une menace constante. Il faut alors beaucoup de patience avec soi-même, de travail appliqué et de conviction, pour s'entraîner à revoir cet univers-là comme une chose aussi naturelle qu'un vêtement et aussi proche de nous que notre corps. Il s'agit d'une espèce de désintoxication, d'un **training** où l'on désapprend l'acquis, ou, comme le dit Krishnamurti, on apprend à *"se libérer du connu"*. Rentrer en soi-même n'est vraiment possible, comme l'ont montré Pearce, Needleman, Bentov, Capra, Wilson, Watson, Spangler, Thompson, Steindl-Rast, Ram Dass, Murphy et tant d'autres, que si l'on rentre en communion avec l'univers entier. L'homme est à la fois un être physique, mental et spirituel, et il n'est vraiment lui-même que s'il est ouvert à tous ces domaines. Cela ne veut pas dire qu'il doive cultiver systématiquement les pouvoirs psychiques, mais plutôt développer une attitude d'acceptation et de reconnaissance de ces domaines qui l'habitent. Il doit se faire *RÉCEPTIF*.

Il se peut — cela dépend de son **dharma** — qu'il ne pratique jamais comme tel un pouvoir psychique. Mais il ne peut se réaliser sans croire à la **possibilité** de toutes ces énergies et sans les respecter comme des dimensions naturelles de l'homme en voie — sans les voir à leur place. Ce qu'il faut, ce n'est pas concentrer ses énergies à développer l'un ou l'autre de ces pouvoirs, c'est **s'acheminer vers le spirituel qui comprend tout pouvoir**. C'est alors que les pouvoirs psychiques, s'ils se manifestent, pourront être vus dans leur vraie lumière. Car il n'y a plus d'illusion dans le Soi. Alors on pourra pratiquer ou manifester tout pouvoir avec une pleine liberté. Les pouvoirs psychiques ne nous apparaîtront ni plus grands ni plus étranges que le pouvoir de bouger la main ou d'ouvrir l'oeil. Puisque tout est manifestation d'une seule et même énergie-conscience.

Nous vivons à une époque merveilleuse, où toutes les possibilités sont ouvertes à celui qui veut les accueillir et/ou les développer. Toutes les techniques existent pour tous les tempéraments et tous les besoins. Il est désormais possible de vivre spirituellement si l'on en prend la peine, c'est-à-dire si l'on accepte une discipline minimale. Car il faudra une discipline, c'est-à-dire en somme, un renoncement complet à l'ego, si l'on veut résister à l'escalade du négatif qui nous entoure présentement, à cette masse de négativité qui n'est autre chose que l'ego collectif. À mesure que le pendule approche du pôle négatif, le retour du positif est de plus en plus imminent, ou, en termes taoïstes, plus le **yang** actuel se rapproche de l'extrémité, plus aussi il prépare le **yin** qui naît à mesure que s'exténue le **yang**. Ainsi le mouvement spirituel qui naît à travers le monde est ce **yin** croissant qui est simultané à un **yang** appelé à lui céder la place par la force même de son mouvement excessif.

Car, si ce mouvement excessif semble inévitable, si le négatif semble s'accroître dans le monde, il est forcé de céder petit à petit au positif sans lequel il ne peut d'ailleurs exister. Or, seuls ceux qui se préparent présentement de tout leur être à vivre spirituellement pourront résister à un envahissement cosmique du négatif — s'il devait survenir. Il faut une nouvelle vision. Un nouvel être. Un nouveau cœur. Un nouvel esprit. Un esprit non plus de possessivité, de peur et de haine, mais un esprit de compassion, d'acceptation de ce qui est, de tolérance universelle, un esprit délivré de l'emprise de l'ego, un esprit enfin libre. Seul un tel esprit pourra surnager et survivre. C'est la vision du Soi qui peut seule nous sauver. Une vision universelle et sans frontières.

Une vision de communion plénière et cosmique, telle qu'elle est pratiquée par certains groupes à travers le monde — le groupe Findhorn, Lorian Association, New Dimensions, Lindisfarne, Ananda Village, l'Association mondiale des Soufis, Le Gouvernement Mondial pour l'Âge de l'Illumination, les ashrams de Sai Baba, Muktananda, Bubba Free John, Satchidananda, Ananda Moyi Ma, Rajneesh, Vishnudevananda, Arnaud Desjardins, les Communautés de Taizé, de Marcel Légaut, de Jean Vanier, les foyers pour apprendre à mourir de Elizabeth Kübler-Ross, Ram Dass et Mère Thérèse, les groupes qui vivent plus modestement à la suite de Schumacher (**Small is Beautiful**) et Dennis Meadows (**Alternatives to Growth**), suivant le mouvement *"less is more"*, le groupe des Nouveaux Alchimistes du Canada, etc.

Des témoignages comme ceux qu'on peut recueillir aujourd'hui nous rappellent qu'il est possible de vivre à des niveaux plus élevés, plus aérés et plus heureux. Qu'il est possible d'être une communauté réelle. Que cela n'est plus simplement possible mais indispensable. Ils nous rappellent surtout que pour être pleinement humains désormais, il nous faudra être en communion avec l'univers entier, avec les êtres de tous niveaux, avec toutes les possibilités qui veillent en chacun de nous et surtout avec le Soi qui est le centre éternel en nous où l'énergie est infinie mais au-delà de tout **pouvoir** humain. Là se trouve la fontaine qui coule sans effort, claire, lumineuse et intarissable. Mais c'est d'elle-même qu'elle coule. Ce Centre vibratoire et rayonnant de l'univers est en nous, mais il ne se manifeste que si l'écorce de l'ego, les pelures accumulées par les habitudes et les préjugés, lui laissent enfin toute la place. Alors ce qui est réservé à la race humaine dépassera l'imagination.

faut-il un gourou?

Un gourou (au sens propre: celui qui dissipe les ténèbres) est plus qu'un maître **enseignant** une voie. Il est le prototype de la Voie, l'incorporation de toutes les connaissances que l'on cherche, celui dont le message est la vie — un exemple qui n'a pas à parler pour être efficace ou entendu.

Un tel être est rare, surtout en Occident, bien que plusieurs orientaux soient venus parmi nous depuis les années soixante, pour se former des disciples et ouvrir des ashrams (sorte de monastères ou groupements spirituels). Mais en Inde, en Thaïlande, en Birmanie, au Laos, au Japon, sur l'île de Sri Lanka (Ceylan), dans les hauts lieux du Népal — et il n'y a pas si longtemps, au Tibet, que les maîtres ont dû quitter par force — on trouve bon nombre de ces maîtres accomplis qui, bien sûr, n'ayant aucun intérêt à la publicité, vivent à l'écart, souvent totalement inconnus de leur entourage, et encore plus de l'Occidental. (Voir à ce propos le beau livre de Swami Rama, **Living With the Himalayan Masters**.)

On trouve peu de **maîtres** spirituels ou de saints occidentaux vivants à l'heure actuelle, si l'on songe au nombre extraordinaire de chrétiens dans le monde — le groupe religieux le plus nombreux. C'est une époque assez maigre de ce point de vue. Mais on trouve quand même des **modèles** de vie tels que Marcel Légaut, Jean Vanier, Mère Thérèse, Dom Camara, le Frère Schutz.

À moins de circonstances rares, il ne serait donc pas question pour nous d'avoir un gourou authentique — en quel cas on n'aurait certainement pas besoin de ce livre! Qu'on mène donc alors sa vie du mieux que l'on peut, qu'on rende service, qu'on entreprenne de se changer soi-même et si le gourou au sens plein du mot se présente, on comprendra alors qu'il nous était destiné. On dit habituellement que le gourou apparaît lorsqu'on est prêt. On pourrait plutôt dire qu'ayant travaillé suffisamment à purifier l'ego, on commencera à percevoir que **tout peut être le gourou**, que tout pourra nous servir à avancer, que tout est grâce. Ce peut être un des sens du "donne-nous notre pain quotidien" — qui nous est assuré si on se fait tout accueil.

Le gourou, ce peut être une panne pendant un voyage déjà difficile (où le bébé n'arrête pas de pleurer, le trafic est dense et il fait trop chaud), un rendez-vous raté, l'arrivée imprévue de quelqu'un au moment où on se prépare à sortir, un long téléphone qui coupe un programme très absorbant à la télé et qu'on s'était promis de regarder depuis une semaine, c'est le fait d'être pris à parler avec un gâteux/fâcheux — et ne pouvoir s'en libérer.
TOUT CE QUE L'ON NE CHOISIT PAS

peut être le gourou.

Cependant, **si c'est inscrit dans notre karma** — si ça nous revient — nous pourrions avoir le privilège d'être guidés par un gourou en chair et en os. L'avantage serait que nous irions plus vite et plus haut. Mais le gourou pourrait n'être pas du tout visible. Il peut être totalement intériorisé. On peut alors toujours le rejoindre.

Mais même alors qu'on a trouvé un guide sûr, ou plutôt: qu'un guide sûr nous a été donné, il faut garder sa liberté intérieure (ou la conquérir). Il faut garder son autonomie, son esprit critique, mais surtout, il s'agit d'écouter son coeur, son intuition première — que l'on est bien avisé de **toujours** suivre, car c'est là que la vérité s'exprime en toute spontanéité, avant l'intervention du mental.

Il faudrait apprendre à jouer "par oreille". La voie spirituelle n'est pas une voie ferrée, toute réglée et droite, parfaitement claire et prévisible comme une progression algébrique. La voie spirituelle est une invention continuelle qui requiert une oreille attentive, une attention au moindre indice, au moindre signe, comme le chien d'aveugle qui entend de l'intérieur son guide humain.

Si donc on croit avoir profité d'un guide et qu'on sent le goût d'autre chose, il ne faut hésiter d'aucune façon. C'est à nous de décider, quitte à faire erreur. Et si le guide refuse (de façon plus ou moins subtile) de nous laisser partir, il faut commencer à se poser des questions à son sujet. Le rôle d'un guide est de nous mener vers plus, de nous affranchir... de tout guide, à commencer par lui-même. S'il n'a pas la force de faire cela, il ne mérite plus d'être entendu.

Toutefois, les faux guides ont leur utilité. Comment apprendrait-on autrement à reconnaître le faux du vrai? Il est nécessaire d'éprouver soi-même les contraires et les contrastes. Tout ce qui arrive est donc toujours dans notre intérêt, même le "temps perdu" auprès d'un guide. Il n'y a pas d'erreur qui ne serve. Un faux prophète, un charlatan peut être l'occasion par excellence d'une prise en main de son autonomie, d'une découverte de sa naïveté, de son peu d'autonomie intérieure. On peut, bien sûr, rester marqué par le cynisme ou le désenchantement — mais **cela** aussi fait partie des leçons à apprendre!

Il y a donc des périodes où on marchera seul, d'autres où on sera guidé de l'extérieur — bien que ce soit toujours nous qui fassions le travail, nous qui devions avancer sur la Voie. On pourra aussi changer une fois ou l'autre de méthode, de technique, de tradition même, à condition que le travail sur soi se fasse toujours sérieusement. Un des avantages de connaître plusieurs techniques, c'est qu'on n'en prend aucune pour un absolu. Il est d'ailleurs possible de participer à plus d'une tradition sans tomber dans le syncrétisme. Car si l'on comprend que dans l'expérience spirituelle tout est de même venue, de même étoffe au-delà des expressions culturelles diverses, on se sentira toujours au centre, quel que soit le revêtement emprunté. Qu'on se souvienne ici de Ramakrishna, qui passa 18 mois à expérimenter la foi chrétienne sans fréquenter autre chose que des églises catholiques et qui vit un jour Jésus venir vers lui et se fusionner à lui. Il en fit autant pour l'Islam et le bouddhisme, découvrant à leur racine ces différents embranchements. Ces puits renvoyant à la même eau.

De nos jours, plusieurs spirituels, tels Ram Dass, Satchidananda, Robert Vachon sont à l'aise dans un grand nombre de traditions. Il y a aussi les jésuites vivant au Japon, Onomiya Lasalle et William Johnston, les bénédictins Aelred Graham, Bede Griffiths et Henri Le Saux, vivant en Inde, suivant les traces du Père Monchanin. Même le trappiste Thomas Merton finit ses jours dans un entourage bouddhiste à Bangkok.

La diversité de ces relations avec d'autres traditions permet de garder sa propre tradition éveillée, aux écoutes (d'éviter l'**inbreeding** — l'auto-génération), de se garder critique en même temps que créateur. Elle empêche certainement qu'on se contente du "connu", et exige qu'on explore la vérité sous toutes les formes qu'elle présente. Le divin est encore et sera toujours "l'inconnu". Il n'a jamais dit son dernier mot.

Je crois cependant qu'il est normal d'être bien enraciné dans une tradition principale et d'y revenir comme à sa base d'envol. **Mais sans y être attaché.** Toutes les excursions deviennent alors des enrichissements et non simplement des distractions: on sait à quoi les référer, les rattacher, les comparer. Les branches doivent être entées sur un tronc pour qu'il y ait circulation de sève. Mais il faut aussi qu'elles puissent pousser comme elles le veulent.

La religion reçue dans l'enfance est la langue maternelle, la matrice de tout apprentissage (religieux) linguistique et sur laquelle peuvent s'inscrire un grand nombre d'autres "langues". Toute langue est universelle dans la mesure où elle sert de base aux langues particulières qu'on apprend subséquemment. Mais elle cesse d'être universelle si on s'y enferme: elle devient défensive, frileuse, et cesse de se renouveler. (À titre d'exemple, la langue française ne craint pas d'incorporer des expressions anglaises, de même que l'anglais est serti de gallicismes et de germanismes. On a perdu la langue de Racine, mais le passé n'est pas créateur, il freine l'élan dans la mesure où on s'y accroche. Cela vaut pour toute tradition, toute instruction, toute habitude, tout système de Croyance.) Le mot *"tradition"* indique d'ailleurs un passage, un mouvement: une transmission dans une lignée qui se renouvelle sans cesse et qui évolue comme un être ayant sa vie, son rythme, ses irrégularités, sa fin aussi. Les systèmes clos et basés avant tout sur une structure d'autorité verticale sont voués à la mort.

Aujourd'hui, tout est ouvert à toutes influences dans un monde où la conscience de la globalité, de l'inter-action de toutes choses ne cesse de s'accroître. Il faut apprendre à se renouveler en s'enrichissant de tout ce qui nous entoure, en vivant à la source, au centre de l'expérience spirituelle, si l'on ne veut pas vivre au niveau des comparaisons de surface, des dogmatismes d'églises, des credos et des rites — où toutes les querelles, tous les malentendus, les divisions et les guerres religieuses **ne cesseront jamais de pulluler** — car c'est le domaine propre de l'ego, qui est essentiellement divisé. Il faut vivre à un niveau plus fondamental si l'on veut en être libre et couper à travers les différences qui sont celles d'un entêtement à se croire l'unique dépositaire et dispensateur de la vérité. Car si l'on doit être enraciné dans une tradition, dans une culture, pour assurer et solidifier les premiers pas, on ne demeure vivant et on ne le devient progressivement que dans la mesure où on parvient à transcender cette culture, pour entrer dans une citoyenneté universelle, capable de quitter sa famille locale ou raciale, pour rejoindre la grande famille de l'humanité. Il n'en est pas autrement dans la tradition spirituelle: il ne faut mettre aucune limite à l'imagination de l'Esprit.

note sur le soi

Le Soi, c'est ce qui en nous n'est pas l'ego, n'a pas d'ego, n'est pas égoïste, mais universel et pur, impersonnel et cependant toute compassion. Le Soi c'est la fine pointe de l'âme, le point vierge, la perle précieuse, là où la paix est entière, où il n'y a plus conflit ni peur ni passion. C'est le centre, le point stable, la sécurité sans appui extérieur. Le Soi est notre être le plus intérieur et profond, la dimension transcendantale en nous, le divin, l'Atman, le Logos, le Christ devenu en nous réalité consciente. Il est la conscience pure, intégrale, inchangeante, éternelle, essentielle dans son état originel, libre de toute pensée. Appelé également le Témoin, le Soi est le soubassement du moi (ego) qui en est la manifestation extérieure, le *"piège"*, l'enclos, et qui, lui, contient personnalité, pensée, émotion, parole et action.

La conscience qu'il existe une dimension qui n'est pas le moi limité se retrouve dans toutes les traditions religieuses, mais aussi chez des penseurs qu'on ne considère pas habituellement comme spirituels et qui, cependant, ont connu le Soi — qui n'appartient à aucune religion, étant la Réalité pure et simple. Ainsi: Dante, Klee, Kandinsky, Wordsworth, Coleridge, Goethe, Blake, Tennyson, Balzac, Lautréamont, Artaud, Rimbaud, Mallarmé, Valéry, Proust, pour n'en nommer que quelques-uns.

"La personnalité est composée de souvenirs, d'habitudes, de penchants, de réactions. Elle est, en somme, l'ensemble des plus promptes réponses de l'être, même quand cette promptitude amène la tendance à différer. Or, tout ceci peut être regardé comme accidentel par rapport à la pure et simple conscience, dont l'unique propriété est d'Être. Elle est au contraire parfaitement impersonnelle."

"La personnalité immole en un moment son individualité. Elle se sent conscience pure."

"Une idée de quelque moi merveilleusement supérieur à Moi."

(Valéry)

"Quelque chose qui, commun à la fois au passé et au présent et beaucoup plus essentiel qu'eux deux — un peu de temps à l'état pur (...) notre vrai moi qui, parfois depuis longtemps semblait mort, mais ne l'était pas entièrement, s'éveille."

(Proust)

"Le peu que nous apprenons des lois du monde visible nous fait découvrir l'immensité des mondes supérieurs."

"Ainsi, depuis le plus grand jusqu'au plus petit des mondes, et depuis le plus petit des mondes jusqu'à la plus petite portion des êtres qui le composaient, tout était individuel et néanmoins tout était un.

" (Balzac)

Toutefois, en parlant du Soi,
il faut s'entendre sur trois choses.

Premièrement, qu'il n'y a pas deux *"moi"* en nous.
En effet, le je inférieur — l'ego — peut se comparer
à une banquise dans l'océan du Soi. Il insiste pour demeurer quelque chose d'unique, de différent de l'eau
de mer. Il veut être pris au sérieux et s'agrippe à sa
fausse identité. Il oublie — ou ne sait pas encore —
qu'il est de la même substance que l'eau de mer dont
il a été tiré et en laquelle il retourne silencieusement,
inexorablement. L'ego est en effet *"une isolation dans
le continuum"*, selon la tradition védique. Quand il
fond, le Soi se découvre. La méditation est le processus d'appliquer la chaleur.

Deuxièmement, le Soi n'est pas connaissable comme objet. Étant le Sujet de toute connaissance, il ne peut jamais en être l'objet. Il est très semblable au silence que l'on ne peut jamais entendre. Si l'on entend quelque chose, ce n'est pas le silence. Le silence n'est **connu** que lorsqu'il n'y a rien à entendre, lorsqu'il y a absence de son — il est perçu par la négation. C'est l'absence de *"bruit"* venant de la peur, de regrets, de projets, du mental en continuel monologue. C'est la plénitude de l'être pur et simple sans appendice, l'être pur de tout bruit adventice.

Les bouddhistes ne parlent pas du Soi, mais plutôt du non-mental, du vide ou de l'impersonnalité. Pour eux, la vraie conscience n'est pas celle du je étriqué qui est pris par l'idée de sa séparation et emprisonné dans le mental, mais c'est la conscience de la nature agissant en nous, sans retour sur soi, dans la spontanéité pure. Ils rejoignent en cela les Taoïstes.

Troisièmement, ce n'est qu'en connaissant le Soi que l'on parvient à connaître le divin. ''Nous ne pouvons atteindre à la pleine connaissance de Dieu aussi longtemps que nous n'avons pas tout d'abord complètement connu notre propre âme'', écrit la grande mystique anglaise du 14e siècle, Julienne de Norwich. Cette idée qui fait écho au *"gnôti séauton"* (connais-toi toi-même) de l'oracle de Delphes, est sans doute inspirée de la tradition védique où elle est courante. Maître Eckhart reprend la même idée: ''Quiconque veut approfondir la merveille qu'est Dieu doit puiser sa connaissance à partir de lui-même'' — un thème fréquent dans les écrits de Thomas Merton, en particulier dans sa **Prière Contemplative**.

silence, solitude, méditation

La Voie spirituelle est une voie de silence et de solitude. On ne peut connaître le Soi à force de rester
dans le bruit. Mais le bruit à éviter n'est pas tout d'a-
bord celui des machines et des cris d'enfants, c'est
le bruit de nos pensées, de nos émotions, de nos
peurs et de nos conflits intérieurs. Toutes ces voix
qui se chamaillent et tiraillent empêchent la paix.
C'est ce bruit-là qu'il s'agit de faire taire. Et cela se
fait par la méditation, par les temps de silence extérieur et par la solitude.

Il y a diverses formes de méditation. Mais dans l'ensemble elles ont pour but de calmer le corps/mental,
de façon à pouvoir le dépasser. Il y a des techniques
plus passives, d'autres plus actives. Je prendrai un
exemple de chacune.

La méditation transcendantale

Après avoir été reçu instructeur de méditation trans-
cendantale (m.t.), j'enseignai la technique pendant
quelque temps. Ensuite, le Maharishi Mahesh Yogi,
fondateur du mouvement, me fit venir auprès de lui.
Je séjournai en Suisse environ deux ans. J'eus le
temps d'apprécier la grandeur du Maharishi, mais
aussi de voir les dessous trop humains de l'organisa-
tion puissante qui l'entoure. Et si j'appréciais le bien
que faisait le Maharishi, qui joue plutôt le rôle d'un
propagandiste que d'un **gourou***, je pouvais de moins*
en moins accepter le programme d'endoctrination et
de fanatisation que le mouvement fait subir aux ins-
tructeurs. Les six mois d'instruction auxquels ceux-ci
sont soumis constituent un cours intensif dans la tra-
dition advaïtiste de SHANKARA. C'est à la fois trop et
trop peu: c'est trop intense pour laisser le temps d'as-
similer, pour laisser la liberté de critiquer le condi-
tionnement subi, en même temps que trop peu si l'on
veut vraiment former un maître et non un perroquet.
Les instructeurs de m.t. se prennent trop facilement
pour des maîtres alors qu'ils sont à peine des appren-
tis. On leur apprend à exagérer la valeur de leur **"mar-***
chandise"*, à se croire revêtu d'une mission de con-*

vertisseur, à prétendre qu'il faut six mois pour appren-
dre à choisir le mantra de chacun — alors que cela
leur est enseigné au cours de la dernière soirée, et
non après des années comme cela se fait dans tou-
tes les traditions orientales. Ayant donc goûté au lan-
gage trop ambigu, aux abus financiers, aux intoléran-
ces, à la course effrénée au succès — autant de traits
que l'on retrouve fréquemment dans les organisations
qui se veulent mondiales —, je décidai de me déta-
cher d'un mouvement qui tombait dans le fanatisme
d'une nouvelle religion. Je n'appartiens donc plus à
cette organisation, bien que j'en pratique encore la
technique et reconnaisse le grand bien que la techni-
que a pu faire à travers le monde en un temps récord.
Mais justement, le mouvement a voulu aller trop vite,
il a saturé le marché, il a abusé de la crédulité des
gens.

Si j'enseigne une forme semblable de méditation, mes
services sont toutefois gratuits et la technique pré-
sentée en toute simplicité, c'est-à-dire sans la céré-
monie religieuse **(puja)** *à laquelle l'aspirant est tenu*
d'assister pour recevoir le **mantra**.

Il faut distinguer entre le **mouvement** (l'Organisation de la **m.t.**) et la **technique**.

Quant à la technique, on peut s'y fier. Elle a une valeur certaine et dans l'ensemble fort efficace, bien qu'elle ne soit pas du tout une panacée, ni nécessairement applicable à tous et en tout moment.

La technique consiste à calmer le corps et le mental au moyen d'une pensée-son appelée **mantra**. Comme il n'est pas possible de calmer le mental par un simple acte de volonté (on ne peut se commander de saliver, mais on n'a qu'à penser à un fruit), on doit procéder indirectement, au moyen de la pensée même, mais d'une pensée qui ne contient pas ou peu de sens. On contourne ainsi le mental pour le dépasser. La technique se pratique deux fois le jour, pendant 20 minutes chaque fois, assis confortablement dans une chaise, les yeux fermés. Le mantra est choisi selon l'âge (à une certaine époque, il l'était selon le sexe). Il n'y a donc qu'un petit groupe de mantras (une vingtaine*) dans cette tradition védique qui remonte à Shankara, le philosophe-sage du huitième siècle.

Cependant, il ne faut pas méditer trop longtemps — certains en ont déjà trop de vingt minutes. L'effet peut être comparé à un bain chaud. La méditation transcendantale est en effet un bain mental, une sorte de lavement intérieur. Et comme il n'est pas recommandé de prendre un bain plusieurs fois par jour, une méditation trop fréquente ou trop prolongée affaiblira le système au lieu de produire les résultats qu'on est en droit d'attendre — calme intérieur, détente, joie, énergie accrue.

La m.t. ne fait pas tout. Il faut compléter le nettoyage qui est ici élémentaire. Il faut surveiller sa nourriture, faire de l'exercice physique, soigner son attitude intérieure pendant la journée, au travail, veiller à maîtriser ses excès, à devenir de plus en plus attentif aux motivations derrière les actes, aux intentions cachées, aux défauts inavoués, etc. J'ai longuement cru qu'il suffirait de méditer pour voir tous mes problèmes réglés — comme on nous le promettait d'ailleurs à travers la propagande de la m.t. — mais je me suis aperçu que mes maux de tête ne partaient pas, même après plusieurs années de méditation, que ma pression artérielle ne diminuait pas, que mon foie et le taux de sucre dans le sang me faisaient toujours souffrir. Il faut plus que simplement méditer. Tout d'abord, il faut voir son mé-

---

* Par exemple, **ima, kirim, shyam**...

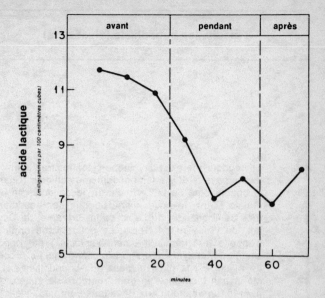

La sécrétion d'acide lactique est généralement associée aux états d'anxiété. On voit sur ce tableau qu'elle diminue considérablement durant la méditation.

decin, car la m.t. ne fait qu'un déblayage de base, elle prépare le système nerveux à vivre à un niveau plus calme, mais tous les stress absorbés par le système depuis la naissance ne se résorbent pas automatiquement, il faut y mettre du sien, il faut prendre les moyens pour se guérir, se maintenir en santé physique et mentale. Cependant, justement parce que la m.t. ou son équivalent fait un travail **préliminaire**, elle est en quelque sorte un instrument incomparable et fortement recommandé pour entrer sur la Voie. En cela, la méthode du Dr Herbert Benson (**Relaxation Response**) est également efficace, comme bien d'autres techniques du même genre*. La technique du docteur a l'avantage d'être gratuite et de pouvoir s'apprendre à même le livre qu'il a écrit.

En effet, la m.t. peut être enseignée sans allusion à la philosophie védique ou à la religion hindoue. Elle n'a pas besoin d'être vendue; enfin, elle devrait être simplement ce qu'elle est — une technique.

---

* Voir Patricia Carrington, **Freedom in Meditation.**

La méditation bouddhiste (vipassana)

Le bouddhisme s'est développé selon les traditions de divers pays — il y a les bouddhismes chinois (Chan; le bouddhisme de la Terre Pure), le bouddhisme japonais (Zen), le bouddhisme tibétain, les bouddhismes de Thaïlande, du Laos, de la Birmanie, de Ceylan, de l'Inde et du Népal. Le bouddhisme originel s'appelle le Théravada (*"petit véhicule"*) par opposition au Mahayana (*"grand véhicule"*), qui lui succède et qui est le plus religieux des bouddhismes. Le Mahayana incorpore un grand nombre de cultes, de prières, un abandon aux Bouddhas dont nous vient le salut, en plus du concept des Bodhissatvas, ces Êtres réalisés qui renoncent à leur bonheur pour venir aider les hommes. Le Mahayana est en ce sens plus orienté vers une attitude missionnaire.

En revanche, le Théravada est moins une religion qu'une philosophie, une simple attitude devant la vie. On n'y recourt à rien d'extérieur à soi. Selon le Bouddha, il y a quatre vérités de base

● que tout est souffrance,

● que le désir-attachement est la source de la souffrance,

● qu'il est possible d'en guérir,

● qu'enfin, la solution proposée comprend des règles de conduite, qui se résument dans l'*ATTENTION (MINDFULNESS)* — et la *VIE DROITE*.

La m.t. est une technique passive: tout effort en est exclu. Rien n'est programmé par le méditant, du moins pas directement, car le méditant est mené par le mantra et n'essaie aucunement de contrôler celui-ci, pas plus que sa respiration ou son pouls. Après quelques minutes de méditation, le mantra devient habituellement très délicat, il se perd comme dans une brume, le corps se sent détendu, la respiration et le coeur ont ralenti leur rythme, on éprouve un certain engourdissement des membres, mais la conscience demeure claire et prend de l'ampleur. On peut même faire l'expérience fugace du Soi. La présence de bruits n'affecte guère la méditation, puisque tout ce qui arrive ne doit ni être combattu, ni analysé. On ne prête pas attention à ce qui se passe, ni pour s'agripper à une pensée ou à une image chères, ni pour chasser un souvenir désagréable. Dès qu'on s'aperçoit qu'on est absorbé dans une pensée, on revient au mantra. Tout ce qui arrive en méditation est considéré comme bon.

La méditation **vipassana** (qui veut dire *"insight"* — intuition) place le méditant dans une attitude d'éveil intérieur, d'**attention** continuelle à l'égard de tout. Il s'agit de devenir conscient

que tout ici-bas est souffrance ou frustration
(dukkha),

que tout dans l'univers apparent est impersonnel, sans ego **(anatta)**,

que tout y est impermanent **(anicca)**.

Les diverses phases de la méditation conduiront à une conscience plus aiguë de cette triple réalité.

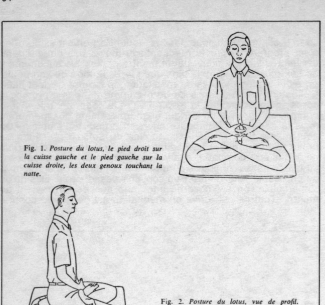

Fig. 1. *Posture du lotus, le pied droit sur la cuisse gauche et le pied gauche sur la cuisse droite, les deux genoux touchant la natte.*

Fig. 2. *Posture du lotus, vue de profil. L'oreille est alignée sur l'épaule, le bout du nez sur le nombril et les fesses reposent sur un coussin rond.*

Le méditant commence par s'asseoir en position du lotus ou semi-lotus, c'est-à-dire les jambes croisées, le dos droit, les mains posées sur les genoux ou dans le giron. La position est capitale. Étant sans appui extérieur, et stable, elle permet, exige même un éveil constant et assure aux poumons une respiration libre. C'est d'ailleurs la position qui fatigue le moins à la longue. Mais il faut s'asseoir sur plusieurs coussins, de façon à ce que le fessier soit plus haut que les genoux, qui eux touchent au sol, ou mieux, à une couverture épaisse. On peut d'ailleurs bouger dans les débuts, si la douleur aux genoux et aux chevilles est insupportable, quitte ensuite à bouger le moins possible, même s'il y a douleur (la douleur fera partie de la méditation).

Une fois la position établie, on ferme les yeux, et on concentre l'esprit sur la respiration non pour contrôler celle-ci comme dans le **pranayama** du yoga, mais **pour l'observer** simplement. On pourra placer son attention soit au bas-ventre et sentir celui-ci monter et descendre, soit au niveau des narines où on percevra l'air entrer et sortir. (Faire l'un ou l'autre, ne pas passer de l'un à l'autre.) Il est utile, afin de ne pas perdre l'attention, de compter les respirations (de 1 à 10, recommençant dès qu'on a perdu le compte) et/ou de noter chacun des deux mouvements: **monter-descendre, entrer-sortir**. Cette observation neutre (on ne s'implique pas, on ne dit pas *"je"*) produit un certain détachement, une conscience que ce n'est là qu'un processus impersonnel.

Cette technique est la base de la méditation **vipassa-na**. Les étapes suivantes s'appuient toujours sur cette base et y reviennent constamment. Le méditant va maintenant porter son attention sur les **sensations** physiques, le plaisir, la douleur, le toucher (chaque membre touche quelque chose, le linge touche le corps, l'air ou la lumière touche la peau, la langue touche le palais). Il y a aussi les sons et les odeurs. Dès que les sensations cessent d'être évidentes ou d'attirer l'attention, on revient à la respiration comme au port.

La troisième étape consiste à prendre conscience des **émotions**. Si par exemple on éprouve de la douleur au genou, une émotion accompagnera habituellement cette douleur — une pointe d'impatience, un refus, une aversion. Ainsi, pendant une méditation qui dure une heure, on éprouvera sans doute de l'impatience, de l'agitation, parfois de la colère, un sentiment d'inutilité (*"qu'est-ce que je peux bien faire ici"*), de perte de temps et d'énergie. L'émotion une fois reconnue et nommée (par exemple: *"colère"*) on revient à la respiration (*"monter-descendre"*).

La quatrième étape se concentre sur les **idées**, les pensées, les images, qui surgissent au cours de la méditation. Encore une fois, il s'agit simplement de nommer, d'observer, sans prendre part. Les pensées peuvent être commodément divisées en trois groupes: passé, présent, avenir. Ainsi, dès qu'une pensée du passé nous arrive, on dira: *"souvenir"*; une pensée qui a pour sujet le présent: *"réflexion"*, ou *"imagination"*; une pensée touchant l'avenir: *"projet"* ou *"planning"*. Puis, on revient à la respiration dès qu'il n'y a plus de pensée qui émerge ou qui frappe.

La dernière étape comprend toutes les précédentes. On se rend présent à tout ce qui arrive. On observe tout ce qui se passe en nous, mais sans juger, sans *"s'embarquer"*, sans regretter.

Une autre façon de pratiquer cette méditation consiste à observer tous les mouvements du corps pendant que l'on marche. Par exemple, *"lever"* (lorsque le pied se lève), puis *"avancer"*, *"poser"*. (Il faut marcher très lentement.) De même pendant qu'on mange on peut observer les divers mouvements comme autant d'objets neutres, à l'extérieur de soi: *"goûter"*, *"mâcher"*, *"avaler"*. On peut aussi observer le fonctionnement de la pensée, en étant attentif aux étapes d'une action: en passant de *"l'intention"* à la *"décision"* d'agir. Chaque action pendant la journée peut devenir un moyen d'éveil. On peut se rendre compte de l'impermanence des bruits, en notant mentalement à chaque fois *"entendre"* ou *"écouter"*, pour s'apercevoir que chaque bruit naît pour ensuite disparaître. Même les douleurs éprouvées ne sont pas d'un seul bloc, mais comme un pointillé de pulsions minimes.

Ainsi petit à petit, le monde extérieur et mental perd de sa solidité, se désintègre, se révèle au-delà de ses voiles. Tout apparaît simplement comme **processus**. L'ego qui se croyait un contrôleur réel apparaît comme une fiction, puisque rien ne dépend de lui, puisque la nature fonctionne par elle-même sans lui, puisqu'il n'y a que des **quanta de processus**, des paquets d'énergie sans liens entre eux. Le lien que l'ego établit entre tout est illusoire. C'est ainsi que l'ego se dissout petit à petit, et que l'attention au présent devient de plus en plus entière.

Cette méditation est active par rapport à la méditation transcendantale. Elle est aussi plus difficile, en ce qu'elle exige plus d'attention et de temps. Pour bien faire, il faudrait l'apprendre pendant une retraite bouddhiste. Ensuite on pourrait la pratiquer chez soi deux fois par jour, ou une seule fois pendant environ trois quarts d'heure. Cette méditation, contrairement à la précédente, peut se pratiquer aussi longtemps et aussi souvent qu'on le désire. Se regarder respirer n'est aucunement nocif — c'est peut-être la méditation qui est de toutes la plus sûre.

Dans toute technique de méditation, ce qui compte c'est la régularité, la ténacité. On ne doit pas non plus chercher quoique ce soit dans la méditation. On ne médite pas pour obtenir quelque chose: la méditation est valable en elle-même, elle est approfondissement du Soi, elle est l'expérience la plus importante de la journée, le moment où l'on est le plus soi-même, le plus éveillé. Pendant la méditation, on saisit le moment présent, on transcende le temps, on se libère de l'anxiété et de la peur, du passé et de l'avenir. C'est déjà une forme de libération, d'illumination.

Bien que les formes ou formules de méditation soient très nombreuses, elles se ramènent toujours à un entraînement du corps et du mental, à un apaisement du système nerveux, à l'ouverture au Soi. En plus des deux types de méditations proposés, on peut employer divers outils de concentration: la chandelle, un mur blanc, un **koan** (problème non soluble par la raison), un **mantra** chanté, une musique, un son de tambour, la danse, le bain, la marche silencieuse, les parties du corps rendues pleinement conscientes, les énergies qui circulent en nous, les **chakras** (centres d'énergie correspondant d'une certaine façon aux glandes), l'adoration devant un coucher de soleil, devant un lac dans la forêt, devant une simple fleur. Tout peut servir à ''partir'' — à quitter les limites et les liens de l'ego, pour entrer dans l'espace au-delà de l'ego, l'Espace pur et sans voiles.

Toujours le silence et la solitude feront partie de la méditation, comme ses conditions essentielles. Il ne s'agit cependant pas de fuir la civilisation, de s'isoler à la campagne, dans un désert, puisqu'il est question d'espace et d'attitude intérieurs et que ceux-ci sont en nous en tout temps. Mais parce que ces réalités — silence physique, désert, forêt — parlent au corps et incarnent ce que l'on cherche, ce n'est pas sans raison que les moines des premiers siècles s'isolaient au désert et que les **sannyasins** hindous se cachent dans une grotte ou dans une jungle. Le corps est impressionné par l'entourage et, une fois touché, il touche l'esprit. C'est le principe de toute **technique.**

Il faut donc se créer des conditions de silence — soit un endroit exclusivement dédié à la méditation, soit une abstention de toute communication quelque fois dans la journée ou pendant la semaine. Il s'agira souvent de se priver des bruits chers ou familiers. Par exemple, les heures passées à regarder la télé, à lire les journaux pourraient être remplacées par du silence. Tant de messages inutiles sinon nuisibles sont transmis aux sens, sans profit pour le coeur, pour la vraie conscience. L'esprit contient déjà trop de bruits pour n'avoir pas besoin d'en ingurgiter davantage.

Ce silence intérieur/extérieur est solitude et la solitude, c'est un autre nom pour la Voie. Non pas l'isolement, mais le silence mental, la conviction que tout est à l'intérieur, les problèmes comme les solutions. Qu'aucun être de l'extérieur ne peut vraiment atteindre le coeur, le fond du puits.

le groupe spirituel

Il y a une différence radicale entre un groupe politique ou prosélyte et un groupe spirituel. Le groupe politique/prosélyte est constitué avec un but précis, soit de faire de l'argent, de répandre une doctrine, soit de développer une force de résistance à une opposition, ou de se décider sur une action à prendre. Alors que le groupe spirituel est constitué afin de permettre l'avancement des individus qui le composent. Il offre à chacun une assiette psychologique minimale, une atmosphère de sympathie. Il se rapproche davantage de la famille que du club, du groupe d'hommes d'affaires ou simplement d'amis. Il n'a pas en effet pour but seulement de fournir à chacun un lieu d'entente, mais il veut favoriser l'évolution de chaque personne en tant qu'être spirituel.

Il est bon de se trouver avec d'autres qui font les mêmes expériences et traversent des difficultés semblables. Ceux qui sont sur la Voie ont besoin de se côtoyer de temps à autre pour s'appuyer mutuellement, s'encourager, se critiquer et même échanger avis et idées. Mais s'il est bon de se rassembler en groupe, il me semble que certaines conditions sont nécessaires:

La **première condition**, c'est que le groupe demeure petit. Un groupe est petit quand on s'y sent dans
l'intimité d'une famille et non dans l'anonymat et
l'impersonnalité d'une corporation ou d'une foule. (Il
est évident qu'un groupe qui atteint les centaines est
un groupe dont la charpente doit être plus rigide et
l'administration doit primer sur la valeur personnelle.)

La personne dans un groupe spirituel doit toujours
maintenir et voir respecter son autonomie, ses façons de voir, de faire et de sentir. Elle ne doit jamais
être achetée ou possédée par le groupe. Son évolution spirituelle l'emporte sur toute autre considération
— ce qui veut aussi dire que les difficultés rencon-
trées dans le groupe peuvent grandement lui servir
dans son avancement.

Deuxième condition: que le groupe ne soit pas d'esprit prosélyte, c'est-à-dire qu'il ne cherche pas à convertir "les autres", à forcer son message et son comportement sur ceux qui sont perçus comme "à l'extérieur", ou encore qu'il ne voit pas les autres comme l'opposition ou simplement comme des gens possédés par quelque démon. Le but d'un groupe est de fournir le minimum de sécurité et de renfort moral nécessaire à la poursuite d'une tâche **personnelle**. Dès que c'est exclusivement le groupe qui prend responsabilité de la tâche, dès qu'on n'existe qu'en fonction du groupe ou que l'on perd son rôle de personne, surtout si le groupe est puissant et exerce un contrôle sévère, qu'il emploie un système (même subtil) de récompenses/punitions (et qui va, comme l'on sait, jusqu'au chantage) pour arriver à **ses** buts, la personne n'existe plus pour la Voie — elle est un pion sacrifié à une administration. La *"politique du parti"* l'emporte alors sur la valeur du *"candidat"*.

Un groupe est là pour permettre à chacun de **se changer** lui-même. Il n'est pas tout d'abord un nid chaud, une protection contre l'obligation de devenir pleinement soi-même et de s'aventurer dans la *"jungle"* de la vie, il n'est pas non plus l'atmosphère de pieuse complaisance où on se gausse confortablement de n'être *"pas comme les autres"* — un lieu qui permettrait de juger autrui, de faire du commérage *"spirituel"*. Il vaut mieux faire cavalier seul que d'appartenir à de tels foyers d'infection.

Troisième condition. Il est bon d'être dans un groupe s'il n'est pas devenu un commerce, s'il ne réduit pas sa raison d'être à une question d'argent, d'efficacité ou de prestige, comme on l'a vu pour l'organisation de la méditation transcendantale qui est en somme *"une bonne affaire"* et un modèle du genre — mais hélas loin d'être un cas unique. Car ce type de déviation se rencontre aussi dans les églises bien installées.

En général, un groupe qui a *"quelque chose à vendre"* — soit message, soit initiation, soit conversion, est à éviter à tout prix. Un groupe commercialisé verra d'ailleurs chaque membre comme un produit à vendre, et comme un objet qui lui appartient. Or la vie spirituelle doit mener avant tout à la formation de l'autonomie personnelle.

Elle tendra à produire une personne pleinement individuée et cependant pleinement universelle. En somme, un groupe est utile quand il n'est pas puissant et prestigieux, quand il considère la personne individuelle comme plus grande et importante que le groupe lui-même auquel il refuse de la réduire.

> **LA PERSONNE QUI S'EST CHANGÉE ELLE-MÊME NE CHERCHE PAS À CHANGER LES AUTRES.**

Elle perçoit ceux-ci différemment et n'est plus obsédée par *"l'erreur"*, *"l'immoralité"* ou *"l'ignorance"* d'autrui: elle est trop consciente de ses propres obstacles et faiblesses pour tomber dans ce travers. Son aide consistera à aimer au lieu de vouloir convertir. (Dieu sait qu'on a besoin d'apprendre à aimer plutôt que de viser à convertir. Selon l'évangile, c'est le commandement unique et qui comprend tout; et comme dit saint Paul, même si on a tout le reste (y compris le pouvoir d'électriser et de convertir les foules) si on n'a pas l'amour-compassion on ne vaut strictement rien.)

Il est d'ailleurs beaucoup plus difficile de simplement accepter les autres **tels qu'ils sont** que de les cuisiner et manipuler en vue de les transformer à notre image ou à notre point de vue — d'en faire des *"convertis"*. (Ou comme on dit encore dans certains milieux ecclésiastiques: *"entrer par leur porte pour les faire sortir par la nôtre"*. Cela vicie toute l'approche et fait entrer la politique dans la religion — et où voit-on cela dans l'évangile, qui exige la franchise et l'ouverture: "dites oui, oui, non, non, **le reste** vient du malin"?)

Celui qui s'est changé lui-même verra cela. Il comprendra qu'on ne peut vraiment sauver personne d'autre de l'extérieur, qu'on peut au plus permettre à l'autre de se trouver et se changer ou lui offrir un climat, un espace lui permettant d'être vraiment ce qu'il est, de se déployer en toute aise, pour ensuite progresser **dans le sens** qu'il jugera le meilleur, **à son rythme propre** et **au moment** où il le voudra. Si cet autre veut se faire bouddhiste alors que nous sommes chrétiens, c'est notre devoir de l'y conduire ou à tout le moins de n'y pas mettre d'obstacle, si subtil qu'il soit. Cela demande, on le soupçonne, une grande force de détachement.

"Mais comment pouvez-vous parler ainsi? N'est-ce pas la porte ouverte à toute permissivité, n'est-ce pas l'absence totale de règle, du sens de la tradition, du respect pour ce que nous croyons être la vérité, etc.? Et comment concilier cela avec ce que le Seigneur nous dit: "Allez enseigner toutes les nations"?"

Oui, j'entends tout cela. Mais si nous essayons une seule fois d'aimer plutôt que de vouloir convertir quelqu'un, nous commencerons déjà de (le) voir autrement. **Transcendez et vous verrez**. On est d'ailleurs libre d'en faire l'essai — je ne veux pas à mon tour convertir personne à ma façon de voir, mais simplement exprimer ce que j'ai moi-même traversé, enduré, vécu. Si vous croyez que votre chemin est le bon, ne vous embarrassez pas du mien, ou de tout autre.

Ce qu'il y a à enseigner "aux nations" ce n'est pas le christianisme en tant que doctrine ou morale. Il ne faut en fin de compte rien "enseigner" comme une somme d'informations. On n'enseigne que ce que l'on est. On ne sait que ce que l'on est. Les mots sont au plus des commentaires — quand ils ne sont pas en contradiction avec le vécu.

Allez montrer aux hommes du monde entier ce que c'est que d'être un fils de Dieu vivant pleinement cette réalité et vous ne vous poserez plus alors de question quant à votre efficacité. N'allez même pas leur montrer: si vous l'êtes ce fils, on vous reconnaîtra, car "tout ce qui est caché sera découvert". Mais n'allez surtout pas leur raconter à ces nations "ce qu'il faut croire", n'allez pas leur dire: "voici ce qui est arrivé: Jésus est né dans une étable". Car s'il n'est pas né en vous, à quoi cela sert-il?

dépouillements

D'un certain point de vue, le cheminement sur la Voie ressemble à la traversée d'une écluse. L'écluse est un passage gradué entre deux niveaux d'eau. Elle contient deux *"chambres"* dont on ne peut quitter la **première** (qu'elle soit la supérieure ou l'inférieure selon le sens de la traversée) avant d'avoir atteint au niveau prévu — sans être mûr pour le passage. La progression d'un niveau à l'autre se fait lentement, mais sans arrêt et insensiblement, jusqu'au moment où, sans s'en rendre compte, on se trouve déjà dans un autre espace.

On ne laisse rien tomber (biens matriels, valeurs, carrières, amitiés, sexe, mariage) avant le moment indiqué, avant une maturation suffisante,

SI ON A À LE FAIRE, CE QUI EST À VOIR.

On ne force pas la progression, l'évolution. Je m'aperçois qu'il est pour moi plus facile de me départir d'un livre que de mon interprétation du livre; plus facile de me défaire d'un habit que j'aime que de mon amour des habits. Donner un objet ne garantit aucunement la perte d'un attachement. C'est cette réaction devant les choses, notre attitude, notre interprétation vis-à-vis d'elles qu'il s'agit de dépister, de déloger! C'est l'attachement qui doit recevoir notre attention — attachement à l'image qu'on se fait de soi, à son corps, à ses idées et émotions — le reste suivra. Les dépouillements doivent se faire dans la spontanéité et sans drame, sans tension. Comme un fruit mûr tombe de l'arbre.

Il n'est pas de chemin court. Si l'on sacrifie par exemple le goût de s'enrichir alors que ce n'est pas encore mûr, ce goût ne cessera de remonter en surface comme une obsession, jusqu'au jour où ayant goûté à une certaine richesse, on pourra (s'il est opportun) laisser tomber le rêve d'une plus grande abondance. Mais même dans ce cas, il faudrait voir si c'est notre **dharma** — l'ordre universel, la direction d'ensemble dans laquelle s'insère notre vie individuelle, le rôle à remplir pour être en harmonie avec le Tout.

Faudra-t-il que l'ego - le moi avec tous ses regrets, projets, émotions - soit fort avant qu'il puisse commencer de se perdre? Faudra-t-il devenir de plus en plus une personnalité, solidifier son caractère? Faudra-t-il pouvoir tenir une fonction, entreprendre une carrière, avant de renoncer à ses rêves immédiats et qui seront vus éventuellement comme trop étroits? Il en est habituellement ainsi, ce qui ne signifie pas que ce soit ainsi qu'il en devrait être. Une fois la personnalité solidement établie, elle pourrait alors subir sans trop de traumatisme les dépouillements qui s'imposeront.

Mais l'entêtement à n'avoir besoin de personne, à être "une île" d'auto-suffisance, est une étape d'affirmation individuelle qui doit être dépassée. L'abandon à plus grand que soi, à plus grand que sa personnalité, que sa carrière, son nom, son **autonomie**, fera naturellement place à une confiance ouverte. Le besoin d'affirmation petit à petit paraîtra comme une attitude d'adolescent. Être mûr spirituellement consiste précisément à s'abandonner, à ne plus tenir à ses actes d'autonomie, à ne plus tenir à ses sécurités, à reconnaître que plus rien ne peut nous arriver, qui troublerait l'harmonie d'ensemble, que l'on ne sort pas de la Compassion infinie, que notre destin est en mains sûres, que tout est fait à notre mesure.

MAIS IL EST ESSENTIEL DE RECONNAÎTRE QUE L'ON NE PEUT TRANSCENDER QUELQUE CHOSE QU'EN L'AYANT TOUT D'ABORD TRAVERSÉ À FOND.

Apprendre les leçons de la vie contient dans sa structure même sa propre discipline, son rythme propre de difficultés, d'amenagements, de dépouillements, de reprises. Apprendre sans cesse comporte toute l'ascèse voulue. Il ne faut pas vouloir aller plus vite que la musique. Car alors, c'est le mental qui mène et qui, ne vivant pas dans l'Ici-Maintenant, rêve de ce qui devrait être, si seulement on pouvait atteindre telle chose, tel niveau. Toute cette construction devra être détruite. C'est le rôle du Shiva en nous: le Soi sous son aspect de destructeur-transformateur.

ON DOIT PERDRE TOUTES SES ILLUSIONS POUR CROÎTRE.

Et l'illusion de les avoir perdues nous guette encore au dernier poste.

Accepter comme point de départ ce que l'on est, non ce que l'on devrait ou pourrait être. La Compassion totale nous accueille tel que l'on est, sans aucune condition, elle n'exige pas que l'on soit parfait pour être aimé mais elle accepte ce que l'on est tout court. On commence là où on se trouve, avec ce que l'on a. Ne pas viser la lune avant d'avoir établi tout d'abord la paix sur la terre. Ne pas croire qu'on puisse sauter d'étape. Il faut tout traverser, on n'enjambe rien. "Le désir, lui, veut seulement l'arrivée, il ne veut pas la traversée — mais la voie est **ici** et non pas **là**", dit justement le maître bouddhiste Dhiravamsa.

Ce qui arrive nous est admirablement adapté.

**LA VIE S'ARRANGE TOUJOURS
POUR NOUS ATTEINDRE LÀ OÙ ÇA FAIT LE PLUS MAL,
LÀ OÙ LA FAIBLESSE EST LA PLUS GRANDE,
LÀ OÙ LA LEÇON EST À APPRENDRE.**

Elle s'arrange toujours pour combler la vacance ou pour raser ce qui est en trop. Elle est la grande niveleuse. Mais elle agit sans ego et — si on la laisse faire — nous rend semblable à elle-même, nous libérant à notre tour de tout ego.

On peut durant la vie terrestre vouloir éviter beaucoup de spectacles indésirables en changeant le canal du téléviseur. Mais ce sera toujours le même spectateur, et c'est précisément lui qu'il s'agit de changer... pour qu'il n'ait plus besoin de changer de canal — ou de téléviseur.

rien ni personne ne peut m'empêcher
de croître

Nous sommes venus sur terre par notre propre choix. Dans la mesure où on est une *"vieille âme"*, c'est-à-dire revenue ici plusieurs fois apprendre des leçons de base, on *"connaît le tabac"* et on comprend assez tôt le sens du présent pèlerinage. Si toutefois on est une *"jeune âme"*, celle qui en est encore à l'abc, le sens de tout cela paraîtra moins que clair. Or, plus le Soi prédomine chez l'individu incarné (plus il est une vieille âme), plus aussi il y a choix possible quant au moment et aux circonstances de la venue ici, c'est-à-dire, moins on revient par simple attraction irrésistible du monde concret — moins on est soumis à la *"gravité"*. C'est plutôt alors un programme concerté qu'une simple *"chute"* dans le monde manifeste.

On pourrait imaginer le scénario suivant pour le Soi qui va s'incarner. Le Soi décide qu'il aurait besoin de telle situation, par exemple de prendre corps dans un milieu pauvre, afin que l'entité apprenne à servir: il s'incarnera donc dans une pauvre tribu africaine. Ou il faudrait que l'entité apprenne la patience, alors il s'incarne avec une maladie incurable ou une infirmité, ou il prévoit qu'il épousera un ivrogne ou un caractère très difficile. Ou encore il décide qu'il faudrait apprendre à s'imposer: il deviendra chef de police. On peut aussi choisir un rôle où on sera tout d'abord utile à d'autres, par exemple, en s'incarnant comme infirme dans une famille où les parents ont besoin justement d'apprendre la leçon de l'amour détaché et de la patience; alors que soi-même on a besoin d'apprendre la leçon de la dépendance et de la patience. Enfin, on peut ne venir que pour un temps très bref parce qu'il y a peu de choses à apprendre, ou qu'il est surtout nécessaire de réparer une erreur, un tort commis, de rendre le bien pour le mal.

Mais pourquoi la vie est-elle si difficile? Pourquoi viendrait-on dans cette galère? Pour apprendre des leçons, surtout les leçons primaires. C'est ici le jardin d'enfance pour plusieurs d'entre nous, quelques-uns peuvent y faire leur école secondaire ou même l'université, mais pour les études post-graduées, il faut monter ailleurs. Et pendant *les vacances* — l'entre-deux dans l'au-delà — on repasse ses leçons, on revoit comment on a profité de *"l'année"*, puis on prévoit ce qu'il faudrait compléter ou refaire à *la rentrée*.

Et quelles leçons vient-on y apprendre? On apprend ce qu'est la matière, ses limites, ses possibilités. On apprend ce qu'est la souffrance, ce que sont le désir, la nature des passions. On apprend à gagner sa vie, à devenir autonome (beaucoup, comme moi-même par exemple, ont dû reprendre cette leçon souvent avant de passer le grade), on apprend à se débrouiller, à aider les autres, à aimer (sans doute la Leçon Clé). On apprend aussi à concilier les contraires, tels que réceptivité-résistance à l'influence, obéissance-domination, humilité-confiance en soi, agilité-pondération, acceptation-discernement, combativité-paix, prudence-courage, détachement-loyauté, indifférence-amour. On apprend à harmoniser les composantes de différents tempéraments, chacun étant unique et posant des problèmes spéciaux en même temps qu'offrant des possibilités nouvelles. En somme,

> *ON APPREND À SE DÉGAGER DE SON EGO,*
> *À ENTRER SUR LA VOIE SPIRITUELLE,*

qu'on doit intégrer tôt ou tard si on veut réaliser le programme et la tendance radicale de notre être. On ne vient pas ici tout d'abord pour être heureux. On vient pour atteindre la Sagesse — une heureuse acceptation-compréhension des limites de la vie et la libération quant à ces limites. Le Bonheur au-delà des bonheurs/peines. Le *"bonheur"*, c'est-à-dire les conditions totalement favorables, n'est qu'une des leçons à apprendre (et pas nécessairement la plus facile, car il est difficile de se détacher du bonheur). Il faut aussi apprendre le sens de la souffrance, afin de n'être retenu par aucune des deux réalités, en même temps que profondément exercé à toutes les expériences.

La vie est un exercice d'assouplissement graduel où on apprend à s'ouvrir à toutes les possibilités. À croître continuellement. La vie est une série d'expérience, de tests, de challenges (le mot **épreuve** le dit, bien qu'on l'entende trop souvent et significativement au sens de *"malheur"*). Même les erreurs et les crimes commis — la prison — sont utiles à l'apprentissage de certaines leçons: la responsabilité de ses actes, les excès de l'ego, la force de la passion, l'influence de ses actes, l'impossibilité de vivre uniquement pour soi.

Toutes les situations peuvent donc servir. Si elles ne servent pas, c'est qu'il y a un blocage en nous, un obstacle — le satan qui s'appelle l'ego. Même l'expérience du refus, qui produira de la souffrance, est une leçon profitable. Les pires situations, les plus pénibles circonstances nous enseignent quelque chose sur nous-même, sur les autres, sur nos rapports avec l'univers. La mort de personnes chères, la perte d'un ami, d'un emploi, les trahisons, les brouilles, les faillites, tout cela — pas sur le coup, bien sûr, mais avec le recul — devient de l'eau pour le moulin. On apprend ses limites, les limites de la matière, l'impermanence de toutes choses, l'impersonnalité et l'apparente indifférence de l'univers. On y apprend aussi la nécessité du courage, que *"rien n'est jamais acquis à l'homme"* et *"quand il croit serrer son bonheur il le broie"*. On est amené à voir plus loin, à être toujours en marche, à toujours évoluer, à créer, à se renouveler. À ne pas vouloir que rien ne s'arrête, mais à s'abandonner au flot, à se prendre en mains pour apprendre à ... lâcher.

S'il est vrai que dans le monde physique, celui où règne l'entropie, *"rien ne se perd, rien ne se crée"*, en revanche, dans le monde néguentropique du vivant, et, à plus forte raison dans le monde spirituel, *"rien ne se perd — tout se crée"*. Et c'est à nous que cela revient. C'est nous qui faisons notre propre univers, qui filons notre **karma** — les bons ou mauvais effets de nos actes qui perdurent et nous retombent toujours dessus.

Aucun empêchement à mon avancement qui ne puisse se transformer en profit. "Pour ceux qui aiment Dieu, dit saint Paul, tout concourt à leur bien." Aucun obstacle qui ne puisse me lancer plus loin. Tout obstacle permet de *"reculer pour mieux sauter"*. Par l'amour — l'accueil simple et total de ce qui est — tout est transformé en valeur positive, le moins en plus et le possible en réalité. Nous ne sommes pas ici avant tout pour jouir du bonheur — la vie est un **mélange** de toutes sortes de choses — mais pour apprendre nos leçons sans nous prendre au sérieux. C'est là d'ailleurs une des principales leçons.

Il n'y a pas de tragédie pour la personne spirituelle. Il n'est pas de situation tragique. C'est l'ego — le mental — qui fabrique la tragédie, en ne voyant pas au-delà de l'horizon fermé, en refusant de voir le sens relatif de toute expérience, en s'obstinant à voir son univers comme définitif et seul vrai, en s'offensant puérilement de voir ses projets à l'eau. Au lieu de reconnaître toutes ces difficultés comme des marches permettant de monter plus haut dans la conscience — comme dans une course à obstacles qui oblige à plus d'excellence — il s'arrête aux apparences qui donnent bien sûr tous les signes de l'échec. Le sens tragique est dû à de la faiblesse — faiblesse de vision et de cœur. Comme on ne comprend pas le sens global de l'aventure, on ne comprend guère non plus le sens particulier de chaque événement. On manque de vue d'ensemble, de grandeur, de perspective. L'ensemble ne peut avoir de sens pour un regard étroit ou myope, seules quelques expériences particulières recevront son attention — il s'y perd, s'y enfonce — pour en jouir à l'exclusivité et refuser tout le reste qui paraît désagréable. Il se crée des îlots, s'entoure d'œillères et maudit la vie ou se fait stoïque. Mais rien d'isolé n'a de sens. Tout se tient dans l'univers comme dans la vie.

Il n'y a pas d'accident. Pauli et Jung ont parlé de coïncidences significatives appelées *synchronicité*, qui sont plus proches du phénomène de **résonnance** que de la causalité. Si une pomme tombe par terre, dit-on que c'est un accident? Non, on attribue cela à la gravité. Mais avant de connaître cette loi, on a pu croire que la chute des choses était un accident, puisque certaines aussi montaient: la flamme, le ballon, l'oiseau... Plus la science découvre le fonctionnement de l'univers et moins elle est prête à attribuer quoi que soit à un accident. Il y a tellement de relations inconnues, de liens secrets, tout se tient si merveilleusement — Mach et Bell ont découvert que tout s'inter-influençait dans l'univers, que chaque petit système (une pomme) influençait le tout et inversement. Chaque action est comme une balle lancée sur le mur universel — ça revient, ça rebondit. Le feedback est perpétuel et partout. Le va-et-vient cybernétique entre un corps et son environnement est continuel.

LA COMMUNICATION EST UNIVERSELLE COMME LA CONSCIENCE.

Tout communique, même le *"silence"*, même le refus de communiquer. L'univers est en conférence continuelle.

L'univers est un immense réseau vivant où chaque partie est comme dans un hologramme, ou comme les cellules d'un corps dont chaque élément est représentatif de l'ensemble — c'est le sens du microcosme, le petit univers qu'est l'homme, miroir condensé du grand Homme qu'est l'Univers.

Il ne faut pas alors s'étonner que tous les gestes, toutes les pensées, toute action si infime soit-elle, affectent l'univers et appellent la réplique exacte. Toutes les actions posées — les pensées les plus fugaces — agissent sur l'ensemble et changent quelque chose au tout. La transformation ne cesse jamais. Aucune journée, aucun instant ne se répètent.

Nos actions ont des conséquences inconcevables. Nous ne pouvons mesurer l'effet de nos actes. Nous ne pouvons que percevoir le feedback par la souffrance ou le plaisir qui en résultent — comme on ne perçoit l'esprit que par les effets qu'il produit. Ces actions peuvent avoir été posées il y a déjà quelque temps, mais comme tout est enregistré — tout est oreille aussi bien que langue — la réplique arrive en temps et lieu.

Disons par exemple qu'un *"accident"* se produit. C'est le moment où les fils reliant une ou plusieurs actions à l'univers entier transmettent leur réponse et c'est elle qu'on expérimente: le *"computer"* universel a fait une *"sortie"* (output) équivalent à une *"entrée"* (input). On ne peut blesser une personne ou une partie de la nature sans en recevoir un contrecoup à quelque moment dans le temps. "Celui qui se sert du glaive périra par le glaive" nous dit l'évangile. Or, comme on connaît plusieurs soldats qui, revenus d'un combat où ils ont tué des hommes, sont morts paisiblement dans leur lit, il s'agit donc d'une *"autre fois"* — car on ne peut contredire la parole de Jésus. Il n'y a pas d'acte *"vide"* et sans suite. Rien de gratuit: tout *"se paie"*. Un accident, c'est uniquement une interprétation due à notre incapacité de comprendre ce qui se passe.

Plus on est conscient de ce que l'on fait, plus aussi on reconnaît et dépiste le mobile, le mécanisme secret derrière chacun de nos actes, plus ceux-ci peuvent être responsables, plus ils peuvent avoir un effet positif puissant, puisqu'alors l'intention, le ressort et l'acte même sont *"enlignés"* comme les rayons d'un laser.

La moindre intention, la moindre pensée, le moindre désir sont des énergies que le mental envoie dans l'univers, comme l'érable ou le pissenlit répandent au large leurs graines. Tout produit un effet. Certaines pensées peuvent d'ailleurs produire un effet plus important qu'un acte visible. (Qu'on lise à ce sujet les livres de **Seth** écrits par Jane Roberts.) C'est que l'énergie est plus subtile à ce niveau où elle atteint l'univers à son niveau le plus subtil, celui de sa conscience. Toute pensée se réalise aussi longtemps qu'elle n'est pas annulée par une autre plus puissante. Il est donc capital de rendre ses pensées cohérentes et positives si l'on veut contribuer à l'évolution du monde et, par contre coup, recevoir soi-même des effets positifs, qui ne peuvent manquer de se produire. Car l'univers c'est notre corps, et *"les autres"* c'est nous-mêmes. En fin de compte, c'est toujours pour ou contre soi-même que l'on agit.

> *"Celui qui habite la terre, mais qui est en elle, que la terre ne connaît pas, dont le corps est la terre et qui contrôle la terre de l'intérieur, est le Souverain à l'intérieur, le Soi immortel en toi."*
>
> *"Ce n'est pas à cause du mari, chère amie, que le mari est aimé, mais à cause du Soi qu'il est aimé; ce n'est pas à cause de l'épouse, chère amie, que l'épouse est aimée, mais à cause du Soi qu'elle est aimée; ce n'est pas à cause des fils, chère amie, que les fils sont aimés, mais à cause du Soi qu'ils sont aimés; ce n'est pas à cause de la richesse, chère amie, que la richesse est aimée, mais à cause du Soi qu'elle est aimée."*

Les Oupanishads

le christ — soi

Il serait utile, au premier abord, de bien distinguer entre Jésus homme historique et le Christ, entité ou dimension intemporelle. Le Christ, pas plus que le Bouddha, n'est un nom de famille, mais un titre de déférence. Il a pour signification: le Choisi, le Sacré de Dieu, l'Investi de Dieu. C'est un titre qui se rapporte à un état de conscience — l'illumination totale — et à un rôle dans l'univers et parmi les hommes de tout temps. Comme le dit le philosophe Saher: "Cette illumination que représentent le Christ et le Bouddha, est en soi un État de Conscience. C'est un état dans lequel on reconnaît la Conscience-Christique, l'Atman ou la nature Bouddhique comme étant notre vrai Je. Le pire péché est de négliger son potentiel **christique**. Et c'est la reconnaissance la plus profonde de sa propre divinité qui produit l'illumination qui libère des liens de l'ego. Ce n'est qu'en atteignant cette conscience divine que nous devons ou pouvons devenir conscients du Divin en nous. "Aucun homme ne vient au Père (au divin absolu) que par moi" (le Christ, la conscience-christique). Autrement dit, on ne peut atteindre l'Absolu — que la **Gita** elle-même appelle le caché au-delà du caché, ou la Divinité transcendante **au-delà et au-dessus** de la création — avant d'avoir tout d'abord réalisé le divin ou la conscience-christique **à l'intérieur et au-dessous** de toute la création." Et comme l'écrit le philosophe Radhakrishnan: "Quand l'individu est uni au principe christique — son homme intérieur, son esprit —, il réalise pleinement son unité **(oneness)** avec le Père, la Divinité suprême. Chacun de nous peut devenir un homme parfait "à la mesure de la plénitude du Christ". Il poursuit en disant: "Quand l'esprit en nous est réalisé, nous verrons et connaîtrons Dieu tel qu'il est et nous connaît, par une vision immédiate."

Cette dimension spirituelle est à connaître par expérience, non par une connaissance intellectuelle, qui n'atteint pas le fond des choses. La dimension christique est en effet *"l'essence plus profonde de l'âme, l'image de la Divinité, le Vrai Soi"*, dit le philosophe indien. "Nous voyons combien le concept chrétien du Logos correspond au concept hindou de l'Atman, le Soi", renchérit Bede Griffiths. Le Christ-Soi c'est "notre réalité métaphysique", c'est-à-dire transcendant le physique, qui est "connue dans la Conscience Christique ou **turiya**; tout comme les objets ne peuvent être connus que dans la lumière". (Saher)

Ce rapprochement, cette identité même entre le Divin et l'humain étaient assurément l'intention, le projet de fond du Logos en venant sur terre. Car son incarnation ne pouvait avoir d'autre sens que de montrer non pas comment l'homme diffère de la Conscience Universelle — cela avait été abondamment démontré dans l'Ancien Testament — mais plutôt comment ils sont semblables et **proches** l'un de l'autre. Car "le Royaume (qui est au-dedans) est **proche**".

En effet, le Fils est venu libérer l'esclave: le Soi sera révélé à l'homme et quand l'homme connaîtra le Soi, il sera libre. "Quiconque commet le péché est le serviteur du péché. Et le serviteur ne demeure pas pour toujours dans la maison; alors que le Fils y demeure à jamais. Si donc le Fils vous libère, vous serez vraiment libres." C'est-à-dire que le Soi (fils) va libérer le petit moi (serviteur) de ses liens qui constituent l'état d'ignorance vis-à-vis du Soi. Le serviteur ne sait pas qu'il est réellement un fils, un libéré — c'est l'iceberg ignorant de la mer. La raison du péché est cette ignorance quant à la vraie identité et, à cause de cette ignorance à l'égard du Soi, l'homme s'attache au passé, s'identifie à l'ego, encourant ainsi toute sorte de souffrance. L'homme est un esclave, en ce sens qu'il est pris dans le cycle interminable de la cause et de l'effet, de la boucle action-réaction, de l'auto-fascination de l'ego, de sa fausse identité. Inconscient du Soi qu'il est, l'homme n'est pas établi dans l'éternité, mais reste victime du changement continuel: "il ne demeure pas **pour toujours dans la maison**", alors que le fils (Soi) "y habite à jamais". Ainsi, les frontières du petit moi sont brisées et l'être est libéré dans l'illimité du Soi, qui est sa réalité, sa pleine vérité — cette vérité "qui vous libèrera."

L'illimité est amoureux des limites. Car "Dieu aima tellement l'humanité qu'il lui donna son fils" — son image, lui-même sous forme visible —, afin que les limites deviennent l'illimité et se connaissent comme illimitées. L'Infini ne s'impose pourtant pas par la domination ou la peur — c'est l'ego qui agit ainsi, projetant sur le Soi sa perception fausse et étriquée de la réalité — alors que l'Infini aime les limites au point de s'y soumettre, car en elles, il se retrouve... après un long détour de quête et de souffrance. Toute l'Incarnation est ici contenue.

Le Seigneur des évangiles n'avait vraisemblablement pas l'intention d'être considéré comme quelqu'un **en dehors de nous**, séparé de nous par sa puissance ou sa grandeur, car il évoque le Soi à l'intérieur, que justement nous ne pouvons voir en dehors de nous, mais seulement éprouver comme le fondement et le dessein essentiel de notre être complet. Ce n'est pas le Jésus historique auquel il veut qu'on adhère et qui nous **ramène au passé**, alors que le Christ seul est éternel, au présent. Ainsi la Sagesse s'est arrangée précisément pour ne pouvoir être pleinement atteinte, vécue ni même perçue **en dehors de nous**. Le Seigneur ne veut pas seulement être considéré comme quelqu'un en nous, mais il ne veut justement pas être considéré comme *"quelqu'un"*, comme un autre — il est nous-même, le meilleur de nous-même, pas un nom, une chose, une personne distincte de nous. C'est pourquoi il disparaît (comme être individuel, historique) et envoie à sa place son Esprit (l'universel) que l'on ne peut percevoir, nommer ou fixer en dehors de nous, qui *"souffle où il veut"*, insaisissable et pur. De la même façon, le Soi ne peut être connu directement, puisqu'il est celui qui connaît, non celui qui est connu.

Il n'est pas plus étonnant d'entendre dire que le vrai Soi de l'homme, c'est la conscience-christique ou le Christ, qu'il ne l'était pour le Seigneur de proclamer à la face des Juifs incrédules: "Avant qu'Abraham ne fût, Je suis." Car, écrit le trappiste Thomas Merton, au sujet de cette soudaine reconnaissance de notre identité réelle: "C'est un éveil vif à l'Être infini qui est à la racine même de notre être limité... Tout se résume en un éveil-conscience — non une proposition, mais une expérience: *"JE SUIS"*." Aux Juifs du temps de Jésus, le fait d'entendre un homme se proclamer uni à Dieu était sûrement le scandale suprême. L'expression: "le Père et moi sommes un" allait directement à l'encontre de la conception qu'ils se faisaient de la séparation entre la divinité et l'humanité. Semblablement, on pourrait être surpris de s'entendre dire que l'on est un avec le divin dans et par le Soi. Mais ce n'est que l'expression même du souhait de Jésus: "Que tous soient un, **comme toi, Père tu es en moi**, et moi en Toi, qu'ils soient eux aussi un avec nous." Peut-on trouver déclaration plus claire? Jésus y proclame que l'unité qui l'identifie au Père est celle-là même qui doit se réaliser entre l'homme et son Dieu — qu'en somme, notre vraie identité, c'est d'être Fils de Dieu, non pas simplement en image ou symboliquement mais réellement. Jésus n'aurait pas été aussi franc, s'il n'avait voulu être entendu dans le sens évident des mots qu'il emploie. C'est d'ailleurs cette interprétation que l'on trouve chez Eckhart — ce qui lui valut d'être sévèrement réprimandé. On peut se demander si l'homme, surtout s'il est corrompu par un certain jansénisme, une peur séculaire, ne craint pas de vraiment croire qu'il est Fils de Dieu, qu'il fera comme dit Jésus, "de plus grandes choses que moi." On n'ose pas vraiment croire. On n'ose pas faire l'expérience.

Thomas Merton a maintes fois montré que le vrai Soi de l'homme est en effet la dimension ou la conscience christique. Dans **Zen and the Birds of Appetite**, il écrit que "l'identité ou la personne qui est le sujet de la conscience transcendante n'est pas l'ego en tant qu'isolé et contingent, mais la personne telle que *"trouvée"* et *"actualisée"* en union avec le Christ — jamais purement et simplement le simple ego empirique — mais la *"personne"* qui s'identifie au Christ, qui est une avec lui. "Je vis, mais ce n'est pas moi, c'est le Christ qui vit en moi". "À moins de découvrir ce moi profond, qui est caché en Dieu, écrit-il dans **New Man**, nous ne nous connaîtrons réellement jamais nousmêmes comme personnes. Pas plus que nous ne connaîtrons Dieu. Car c'est par la porte de ce moi profond que nous entrons dans la connaissance spirituelle de Dieu — puisque le vrai Soi est "la personne chrétienne, l'image de Dieu estampillée de la ressemblance du Christ." Si bien que quand l'homme se connaît Soi-même, "l'individu est *"mort"* avec le Christ au *"vieil homme"*, son moi extérieur, égoïste, et il est *"ressuscité"* dans le Christ à l'homme nouveau, un être divin et sans ego, qui est le seul Christ, le même qui est *"tout en tous"*." La même eau dans tous les puits... Ici, Merton dit très clairement que l'homme devient le Christ, l'unique Image de la Compassion universelle pleinement manifestée en Jésus, mais également présente en nous et finalement connue dans ses vraies dimensions quand nous nous éveillons totalement à la connaissance du Soi. "Dans la pure pauvreté, lorsqu'on n'est plus un *"moi"*, on recouvre sa vraie identité avec Dieu. Cette vraie identité est la *"naissance du Christ en nous"*."

> ## "LE SEUL MOI QUE JE CONNAIS, C'EST DIEU."
> ### Catherine de Gênes

Cette identité entre Soi et conscience-christique ou filiation divine, a été clairement reconnue par Eckhart: "Comment Dieu engendre-t-il son Fils dans l'Âme? Comme le ferait une créature, avec des idées et des images? Pas du tout! Il l'engendre dans l'âme tout comme il le fait dans l'éternité — pas autrement. (...) Dieu se connaît parfaitement de haut en bas, de part en part, non par des idées, mais par lui-même. Dieu engendre son Fils par la vraie unité de la divine nature. Voyez! C'est ainsi: il engendre son Fils au coeur de l'âme et se fait Un avec celle-ci. Il n'y a pas d'autre façon. Si une idée était interposée, il ne pourrait y avoir unité vraie. Et toute la béatitude de l'homme réside dans cette unité."

Eckhart voit la conscience-christique ou la naissance du Christ dans l'âme comme étant **au-delà de toutes idées**, c'est-à-dire, comme l'être pur: il la voit également comme **l'union entière avec le Soi**, une union qui constitue **le bonheur** de l'homme. Ces trois éléments se retrouvent dans la description que la tradition védique propose de la Conscience Pure. Ailleurs, dans ses sermons, par exemple dans le quatrième, Eckhart affirme que cette quiétude parfaite, que cette oisiveté intérieure est l'action la plus importante que l'homme puisse accomplir, car dans cette complète quiétude-réceptivité au-delà de la pensée, l'homme atteint sa pleine potentialité.

L'idée est chère aussi à Jean de la Croix: "L'âme est comme quelqu'un à qui on apporte de l'eau, pour qu'elle boive en paix, **sans labeur** (...) de sorte que, dès que l'âme vient devant Dieu, elle fait un acte de connaissance confus, aimant, passif et tranquille, où elle boit la sagesse et l'amour et **le délice**." **(Ascension du Mont Carmel)** Dans cette "pauvreté d'esprit, étant pure et simple, **elle est transformée en la Sagesse pure et simple, qui est le Fils de Dieu**." "Et si une telle personne craint de ne rien faire, qu'elle prenne note qu'**elle ne fait pas une petite chose**, en pacifiant l'âme et en l'amenant dans le calme et la paix, **sans acte ni désir**, car c'est ce que Notre Seigneur demande de nous, par David, en disant: "Apprenez à être **vide de toutes choses** (c'est-à-dire intérieurement et extérieurement) et vous verrez **avec délice** que je suis Dieu"."

Dans son dix-huitième sermon, Maître Eckhart spécifie bien ce qu'il entend par la Naissance du Christ dans l'âme: "Je dis que Dieu l'a engendré dans mon âme. Non seulement l'âme est-elle comme lui et lui comme elle, mais il est en elle, car le Père engendre son Fils dans l'âme exactement comme il le fait dans l'éternité et non autrement — Le Père engendre sans cesse son Fils et, ce qui est plus, il m'engendre comme son Fils — **le Fils même en personne!** En effet, j'affirme qu'il m'engendre non seulement comme son Fils, mais comme lui-même et lui-même comme moi-même, m'engendrant dans sa propre nature, son propre être. **À cette Source la plus intime, je jaillis** de l'Esprit Saint et il y a une vie, un être, une action. (...) **Le Père Céleste est mon vrai père** et je suis son Fils et tout ce que j'ai, je l'ai de lui. Je suis son Fils même et aucun autre car le Père ne fait qu'une seule chose, sans établir de distinctions. Ainsi suis-je **son Fils unique.**"

Ces expressions, surtout celles que j'ai soulignées, ont attiré sur Eckhart la désapprobation de la Hiérarchie, justement parce que l'on n'a pas compris qu'il ne fallait pas les considérer comme des définitions théologiques, mais comme une **expérience**, car elles ne peuvent être jugées équitablement que par ceux qui ont une semblable expérience — autrement, on pourrait réagir comme les Juifs l'ont fait aux paroles: "avant qu'Abraham fut, je suis". (D'un certain niveau de conscience, tout peut être refusé ou apparaître condamnable, car la réalité diffère selon différents états de conscience. Ou comme disait Thomas d'Aquin: "La vérité est perçue selon le niveau de réceptivité de celui qui la reçoit.")

Dans son livre récent, **Return to the Centre**, Bede Griffiths, moine bénédictin devenu **sannyasin** (renoncé) en Inde, attire également l'attention sur l'identité entre le Soi et la conscience-christique. Il écrit: "Le Christ est l'Esprit au-dedans, le Soi de l'univers, qui rachète celui-ci de la dispersion dans l'espace et le temps, et unit en lui-même toutes ses diverses tendances en un seul corps." Plus loin, il dit: "La Parole est l'auto-manifestation du Père et la Loi de tous les êtres." Ce Soi est au-delà des limites et faiblesses de l'ego: "Quand on passe au-delà de l'esprit, avec ses facultés qui mesurent tout, ses catégories de temps et d'espace, on découvre le vrai Soi, le soubassement de l'Univers, la Cité de Brahman, qui contient tout". Cet ego est "une capacité de se transcender soi-même. C'est la capacité de se donner totalement à un autre, de transcender son moi en s'abandonnant au Soi supérieur, à l'Atman, l'Esprit en dedans. Une fois ceci accompli, nous vivons à partir du principe de Vie à l'intérieur, de l'universelle Loi de Raison, nous sommes *"établie en Brahman"*. Ceci est sagesse et joie et immortalité. C'est ce pourquoi l'on a été créé. C'est la vraie obéissance... C'est la conversion, **metanoia** — la découverte du vrai Soi, de la vie éternelle".

Enfin, dans son dernier livre, publié après sa mort et intitulé **Journal d'Asie**, Merton résume bien les témoignages précédents sur le Christ-Soi lorsqu'il écrit: "À la place de ce moi centré sur lui-même, est venue la personne chrétienne, qui n'était plus simplement l'individu mais **le Christ demeurant en chacun**. De sorte qu'en chacun de nous la personne chrétienne est celle qui est pleinement ouverte à toutes autres personnes, parce que ultimement, toutes les autres personnes **sont le Christ**."

Cet être si intime à soi-même, comment se fait-il qu'on l'ait projeté hors de nous, par exemple, en voyant Jésus ou Dieu comme le seul être qui vaille, et l'homme en revanche comme un exclu, un être vil et méprisable, un obstacle même? Le Soi étant à la fois caché et libre, illimité, on l'a naturellement identifié **à quelque chose d'autre que l'homme**, quelque chose d'extérieur à lui, même d'étranger. Le Soi ayant été identifié à la divinité, il était impossible à l'homme de l'atteindre, encore moins de s'unir à lui, de le devenir. La scission entre ego et Soi était une expression de la séparation entre homme et *"Dieu"*. Comme l'écrivait déjà William James au début du siècle: "C'est un des traits étranges qui caractérisent les invasions de la région subconsciente, qu'elles prennent des apparences objectives en suggérant au Sujet qu'elles sont **un contrôle externe**." Aux yeux d'un autre psychologue, Carl-G. Jung, la grâce divine apparaît également comme quelque chose qui semble venir de l'extérieur, tout simplement parce qu'elle viendrait d'un domaine qui est extérieur à la conscience. La source de la pensée, le Transcendant, est vue comme extérieur parce qu'on la ressent comme en dehors du champ de la conscience. C'est l'au-delà de la pensée, du mental.

Mais cette puissance Supérieure n'est pas en dehors de la dimension totale de l'homme, elle est simplement sans frontières, alors que l'individu ordinaire et partiel est à l'intérieur des frontières du corps, de la pensée, des émotions — et pour cette raison même il ne se sentira pas du *"même bord"*. Cependant, cette puissance en nous embrasse, comprend et aime le petit moi auquel on s'identifie, elle l'appelle pour qu'il se libère — qu'il soit *"sauvé"* en perdant ses limites. Car si une vague désire devenir océan elle n'a qu'à cesser de tenir à n'être qu'une simple vague! (Ou encore, c'est l'iceberg dans l'eau de mer...)

L'homme, surtout l'Occidental, a longtemps appris à se voir comme mauvais, pécheur et faible, alors que *"Dieu"* était pour lui tout le contraire — le seul Bon et seulement Bon, Pur et Puissant. L'homme ne pouvait être sauvé qu'en se soumettant au Tout-Puissant comme à un *"contrôle extérieur"*, pour employer l'expression de James — reniant, haïssant et mortifiant sa propre chair *"pécheresse"* afin d'atteindre le salut. Au lieu du "souviens-toi, ô homme, que tu es poussière et retourneras en poussière", comme il aurait été plus vrai de dire: "Souviens-toi que tu retourneras en **lumière**, puisque c'est cela que tu es vraiment (le Soi), alors que la poussière n'est pas vraiment toi-même, ce n'est que ton corps physique!"

Ce modèle dualiste a pu être responsable d'une grande part de la division dans l'homme et des humains entre eux. Mais l'homme dans sa véritable et fondamentale identité n'est ni mauvais, ni pécheur ni faible. Il est divin. Il n'est pécheur que dans la mesure où il s'identifie à son corps, à son mental. (Le Commandement dit: aime les autres comme toi-même — ce toi doit donc être aimable.) Le *"contrôle extérieur"* est vraiment soi-même — et c'est peut-être là le noeud de la Révélation, le dévoilement par excellence. L'homme est sauvé *"de par l'intérieur"* non *"de l'extérieur"*, car personne ne sauve un autre sans être du dedans. Le divin apparaît à l'homme sous la forme du Soi, plus intime à lui-même que son souffle. C'est là le grand don fait à l'homme, que ce divin qui était déjà en l'homme lui ait rappelé si dramatiquement ce glorieux état, qu'il ait rappelé l'homme à cette gloire oubliée. Ou plutôt, c'est précisément en ce que le divin se soit montré sous la forme d'un semblable, que l'homme pouvait le mieux saisir la grande révélation de ce que lui, l'homme, était véritablement. Mais combien se sont mépris en s'attachant à la figure historique de Jésus, comme à une remorque et n'ont pas osé se voir avec la même audace que Jésus pratiquait à notre égard!

C'est cela que nous rappelle Swami Vivekananda, le disciple du grand saint Shri Ramakrishna: "Que vous servira-t-il de vous dire toute votre vie: "Oh, j'ai fait le mal, j'ai commis plusieurs fautes." Ce n'est pas sorcier de savoir cela! Faites plutôt entrer la lumière, et le mal s'en ira à l'instant. Fortifiez la vraie nature, bâtissez-vous vous-même — le fulgurant, le lumineux, le tout pur, évoquez cela en chacun de ceux que vous voyez. Je voudrais que chacun de nous arrive à l'état où même en voyant le plus vil des humains nous puissions voir le dieu à l'intérieur, et au lieu de condamner, que nous disions: "Lève-toi, toi qui es le

Resplendissant, lève-toi qui est le Toujours Pur, lève-toi le Sans-naissance et l'Immortel, lève-toi, Tout-puissant, et manifeste ta nature." ... C'est la prière la plus élevée qu'enseigne l'Advaïta (la doctrine du non-dualisme, selon laquelle rien n'est totalement distinct de l'Absolu, quoique **apparemment** distinct). C'est l'unique prière: se rappeler qui on est. (...) Pourquoi chercher Dieu à l'extérieur? ... Il est votre propre coeur battant, et vous ne le saviez pas, **vous preniez cela pour quelque chose d'externe.** (Se rappeler ce que disait plus haut William James.) Lui, le plus proche de ce qui est proche, moi-même, la réalité de ma vie même, de mon corps et de mon âme. — Je suis Toi et Tu es Moi. C'est ta nature même. Affirme-la, manifeste-la... Chaque pensée ou action déchire simplement le voile, pour ainsi dire, et la pureté, l'infinité, le Dieu derrière, se montre — l'éternel Sujet de toute chose, l'éternel Témoin dans cet univers, le Soi en toi-même." Quand l'individu perd sa tendance à l'erreur, à la faute, c'est qu'il s'est identifié avec le Soi éternellement pur, il est devenu pleinement conscient de ce qu'il avait toujours été **au fond** — sans tache.

Nous avons toujours été pleinement aimés, totalement sauvés, aux yeux de la Compassion. Nous sommes aimés dès le début, il n'y a pas de temps précédent celui-ci où nous n'aurions pas été aimés, suivi d'un temps où nous aurions commencé de l'être. Non, cet amour, cette compassion, est une réalité éternelle et sans condition temporelle, spatiale, psychologique et spirituelle. C'est ce que veut dire la sagesse orientale lorsqu'elle répète que nous sommes déjà réalisés mais que tout ce qu'il faut, c'est s'en rendre compte, s'éveiller à cette réalité.

Nous ne pouvons être purifiés en nous voyant comme impurs, ni devenir sans péché en nous voyant pécheurs; et nous ne pouvons devenir bons en nous voyant mauvais. Car si nous nous voyons comme impurs, pécheurs et mauvais, nous produirons les fruits de notre vision, de notre perception. Le domaine de l'ego n'est pas chose à haïr, à persécuter ou à tuer agressivement — tout cela est l'oeuvre de la culpabilité, qui continue par là-même de se nourrir — mais l'ego n'est que le domaine de **l'ignorance** vis-à-vis de ce que l'on est réellement. "Pardonneleur, ils ne savent ce qu'ils font." Une fois que nous commençons à expérimenter le Soi transcendantal, nous savons que pendant tout ce temps nous étions divins, et cela enlève la propension à la faiblesse, à la violation de l'Ordre, du Dharma, à la peur et à la haine — car en dissolvant l'ignorance, la connaissance surmentale abolit la source et la cause du mal.

le mental est menteur

L'univers n'est pas un système intellectuel, mais un organisme, un corps vivant. Il est aussi difficile de comprendre intellectuellement le sens de la souffrance ou du mal, qu'il l'est pour quelqu'un qui souffre du foie, d'une peine d'amour ou de la perte de son enfant, ou encore pour celui qui a une expérience spirituelle, de faire comprendre intellectuellement de quoi il s'agit à quelqu'un qui ne l'a jamais éprouvé. L'essentiel de la vie humaine ne se transmet pas en concepts. L'intellect ne peut connaître la Réalité, il ne peut descendre au fond de la mer.

Ainsi, le mal dans l'ensemble de l'univers n'est pas **sensé** pour l'intellect, mais un *"scandale"* — une pierre d'achoppement, un obstacle-piège. Un test. Il faut le comprendre de biais, par un transcendé. Le mal souffert par une partie du corps est un signal d'alarme, indiquant ce qui ne va pas, ou avertissant d'un danger imminent. Le mal à ce niveau et dans ce sens-là, est proprement **nécessaire** pour que l'homéostase soit maintenue. Le mal est nécessaire pour maintenir l'harmonie, comme dans une oeuvre d'art les conflits entre couleurs (en peinture), matériaux (en architecture), personnages (au théâtre, au cinéma), entre thèmes et timbres (en musique) sont nécessaires pour que l'oeuvre vive et nous touche, ou simplement pour qu'elle soit réussie. Une oeuvre sans aucun conflit (résolu, mais maintenu présent) est sans réelle valeur. Justement, on ne multipliera pas les conflits pour le simple plaisir, mais ils doivent être **intégrés** à l'ensemble — il faut qu'il y ait une résolution quelconque à ce niveau.

Analogiquement, on pourrait comprendre que l'existence du mal (subi ou voulu, physique ou moral) soit nécessaire comme avertissement d'un désordre dans l'ensemble et du besoin de trouver une solution, comme moyen d'avertir l'homme ou la société qu'il leur faut corriger ce qui ne peut être que destructeur (excès ou mauvais choix de nourriture, alcool, abus de la nature, haine, peur) ou encore comme un avertissement qu'il faut accéder à un autre niveau pour survivre. La souffrance contredit notre plaisir, elle offense nos habitudes, elle saborde nos expectatives. Si tout allait dans le sens prévu, on s'endormirait, on perdrait le sens du voyage. La souffrance nous rappelle à une conscience plus grande. Le mal agit ainsi comme un **feedback** qui renseigne sur le fonctionnement d'un organisme, individuel ou collectif. Il est aussi un **test**, une épreuve, un obstacle — un satan.

Le satan, idéalement représenté dans le Livre de Job, c'est ce qui éprouve et s'oppose. Il a acquis une réputation indue, surtout depuis que les Pères du Désert, harcelés par des tentations ont projeté des scénarios terrifiants. Mais aujourd'hui, ces dramaturgies sont perçues comme des constructions mentales jouant le rôle du miroir qui projette **là-bas** ce qui se trouve **ici**: en nous. La démonologie est une mise en scène signée: *"le mental".** Tout est en nous — la possibilité du bien est infinie, bien qu'elle soit inséparablement liée à des aspects limitatifs. Car cette possibilité ne peut se réaliser qu'à travers des obstacles, des épreuves, des faiblesses acceptées qui l'obligent à aller au-delà de celles-ci. Les leçons sur les limites de l'homme et sur la nécessité de mater ses excès ne s'apprennent pas autrement, semble-t-il.

Le satan — l'ego —, c'est le menteur par excellence. "Celui qui est menteur depuis le début", nous dit Ramana Maharshi, un des plus grands spirituels de la tradition védique et peut-être de tous les temps. Selon celui-ci, l'ego "est le déceveur, le vrai Satan ou l'Ahriman du Mazdéisme. Il est le seul ennemi du divin, le Macbeth cosmique qui assassine toujours la Paix et le Bonheur. Il est le maître imposteur qui a usurpé le trône du vrai Soi. Il est le père du doute, le père du mensonge." Il ne peut donc entrer dans le Royaume, dit le sage, en citant l'évangile. Ramana conclut en disant que l'ego **"c'est tout le mal qui existe"**. Et de cet ego, qui est ignorance, procèdent tous les autres maux.

---

* L'ouvrage définitif sur la démonologie est celui de Henry Ansgar Kelly, *Le diable et ses démons*, Paris, CERF '77, où il est clairement établi que le démon n'a pas de substance, qu'il n'est pas un être personnel.

De son côté, Jésus dit aux pharisiens que leur père est menteur dès le début. (Il ne dit pas cela comme si les pharisiens étaient des gens à part, particulièrement méchants, mais il parle de "tout homme" qui, selon l'Écriture "est menteur".) L'ego — le mental — est menteur dès le début de son apparition en scène (dès qu'il est constitué, à l'âge où l'enfant est intégré dans une culture, un système d'habitudes). Du début à la fin, il n'est que mensonge, fiction, faux-semblant. Il se prend pour un Autre. Il pense que tout lui appartient ou doit lui être soumis, qu'il est en somme divin. C'est pourquoi il doit être défait pour que le vrai divin apparaisse, pour que le divin en l'homme se réalise.

Jésus au désert dit à l'ego — présenté sous la forme dramatique du satan — qu'il ne lui obéira pas, qu'il ne se laissera pas séduire par ses promesses d'un messianisme facile. C'est *"pour quelque temps"* que le satan quitte Jésus, pour revenir sur la route menant à Jérusalem (où Jésus traite Pierre de *"satan"*), et enfin, à la croix, où Jésus anéantira l'ego — le règne du satan. Jésus doit laisser mourir le corps/mental, suppôt de l'ego, avec tous ses rêves de messianisme.

C'est le messianisme que Jésus a voulu voir mourir avec son corps. L'ego qui veut se faire le Soi est dépeint par l'écriteau dérisoire: Voici le Roi des Juifs (messianisme) dont le corps de Jésus décrit l'état de mort.

Un satan-obstacle-test est nécessaire dans la vie de l'homme si celle-ci doit évoluer au-delà des difficultés, si elle doit transcender des limites. Il est nécessaire aussi si cette évolution est le seul gage d'une vie pleinement signifiante ainsi que de la survivance de la race humaine. En ce sens-là, le plaisir est autant un test que la peine ou la douleur. Il y a là quelque chose à transcender, il n'est pas question de s'y perdre totalement, si l'on veut être en Voie. Tout est à dépasser, à accueillir sans attache. Mais le plaisir n'est pas *"satanique"*, selon l'interprétation moraliste: il est simplement un test permettant à la vie de se dépasser, un test que s'offre la Totalité afin que chaque partie se transcende elle-même pour atteindre à une conscience du tout.

Que l'ego soit le satan est confirmé par la Kabbale, le Védantisme et le Soufisme. Selon la Kabbale, par exemple, le satan est fait de parties disparates. Le symbole du diable — l'adversaire — est une créature qui n'a que des parties sans unité. Et sa tâche c'est d'agir comme tentateur, de faire sortir le bien d'une personne par une mise en échec. (On pourrait également reconnaître en cet ego-satan, les autres figures mythologiques qui représentent un aspect ou l'autre de sa complexité: Narcisse, Prométhée, Faust, Icare, l'Avare, Don Juan, l'Hydre. Ces manifestations de l'ego sont autant de forces à accepter puis à comprendre et par le fait même, à apaiser.) Le satan, c'est le mental qui est toujours menteur: il ne dit (ne voit) jamais les choses telles qu'elles sont, mais il y ajoute ses rêves, désirs, regrets, émotions. "Il faut dire oui, oui; non, non — le reste vient du malin" — c'est-à-dire du MENTAL.

Le satan-mental est illusoire dans le sens qu'il est la méprise, l'état d'ignorance, le malentendu, l'erreur sur l'identité réelle, qui sont projetés par l'homme sur l'ensemble de la Réalité — où l'on "reconnaît" la dualité, le conflit, l'absence d'harmonie. Car le satan — l'ego, le mental — est multiple: *"légion",* fait de parties juxtaposées. Le satan n'est qu'un collage. Il n'a pas de centre. Il n'a pas d'unité parce qu'il n'est vraiment qu'une série sans liens — des processus — de pensées, d'émotions et de données sensorielles dont on fait un tout qui se prend pour quelqu'un et auquel on donne un nom.

En science physique, ce qui s'appelle Force n'est possible qu'à l'encontre d'une Résistance. La force se mesure à cette résistance, elle en reçoit toute son existence. Il est nécessaire qu'il y ait un **conflit** — mais qui soit aussi **résolu**. Louis Pauwels dit que la pensée n'existe pas sans défi. Elle n'a sûrement aucune force sans quelque obstacle à franchir, quelque solution à trouver, quelque création à réaliser. Cette dualité entre action et réaction est universelle, à partir de l'atome jusqu'à l'homme. Tout est deux, tout est **duel** en même temps que **duo**: un duel semble nécessaire pour qu'il y ait duo. Au Moyen Âge on parlait de l'acte d'amour comme du *"combat fleuri"*. Cette dualité indique justement le sens du *"mal"* dans l'univers: à la fois **complémentarité** (des parties se nécessitent pour former un tout) et **affrontement** (les parties s'opposent radicalement afin de résoudre leur conflit en passant à un niveau supérieur — transcendé). Ce mélange assure l'unité dans la variété — l'*UNIVERS* (uni-versus).

Dans le livre d'Isaïe, on lit cette parole étrange et rarement ci-
tée: "C'est moi, Dieu, qui forme la lumière et crée les ténèbres,
moi qui fais la paix et crée le mal. Je suis le Seigneur qui fais
toutes ces choses". (45,7) Parole qui fait écho à celle-ci tirée
du Deutéronome: "C'est moi qui distribue la vie et la mort".
(32,39) Alan Watts nous rappelle que ***Demonus est deus inver-
sus***: le démon est l'envers du divin: le dieu en ce qu'il fait mal
est en cela même un dieu guérisseur. Cela est ainsi, même lorsque le mal est aperçu par l'ego comme ennemi, comme obstacle. Le divin apparaît détestable et plein de colère à celui qui
refuse et se cabre.

Le Shiva hindou joue un rôle destructeur qui n'est que la phase négative qui précède toute construction. Aussi longtemps que l'on est sur terre, les deux aspects ne sont jamais tout à fait séparables. Comme si le divin sur terre ne pouvait être vécu ou perçu autrement que par des déchirements, des dépouillements, des limites transcendées, des souffrances acceptées et intégrées dans un ensemble plus vaste. Il faut apprendre à voir le divin en tout, même dans le mal, dans l'ego (l'Ombre en nous, selon le mot de Jung), en acceptant tout **ce qui est**, sans jugement, sans céder aux préférences. Tout aimer, car si l'on *"hait"* le satan — on ne fait que le nourrir. (Se rappeler que Jésus a appelé Pierre un satan, et cependant il voyait toujours le divin en cet homme — il l'aimait sans réserve.)

Le divin est inséparable du démoniaque, le Soi est inséparable de l'ego, **aussi longtemps qu'on chemine**. Il n'y a donc pas les purs d'un côté (sans aucune faiblesse — semblable à un *"bonheur sans malheurs"*), et de l'autre les complètement mauvais. Mais un mélange infiniment varié, un yin inséparable du yang, où les négatifs servent de repoussoirs aux positifs, où le *"mal"* sert de stimulant, d'aiguillon, de rappel, d'obligation à croître, à transcender. Un tout où chaque partie, chaque caractéristique, chaque faiblesse, est pleinement accueillie, reconnue et aimée.

Dès que l'on débouche sur la Libération, sur l'amour sans condition, le démon (et le dieu) aperçus comme des forces en conflit, disparaissent.

karma

La loi d'action et de réaction en physique comprend son corollaire connu sous le nom de lois de Mach et de Bell, qui stipulent que tous les systèmes agissent entre eux, que chaque mini-système dans la nature est affecté par le tout et vice versa. Cela prend des proportions effrayantes lorsqu'on y introduit l'homme. Ces lois signifieront alors que l'action la plus minime de notre part affecte l'ensemble de l'univers, c'est-à-dire nous-mêmes, finalement et irrémédiablement. On ne peut rien faire sans le faire à soi-même. L'univers nous renvoie nos attitudes, concepts, émotions et préjugés. Il est un miroir qui réfléchit tout. Le monde est un boomerang qui frappe le frappeur avec une précision infaillible.

Nous croyons, peut-être trop timidement, trop superficiellement, à la réaction de l'univers entier à chacune de nos actions, trop inconsciemment pour vraiment rendre nos comportements plus conscients. Car en réalité, nous sommes les seuls architectes et ingénieurs, la seule prochaine (ou lointaine) cause de toutes nos bonnes et mauvaises fortunes. Si nous comprenions cela, nous cesserions de répéter: "Qu'ai-je fait à Dieu pour mériter ça?" Car, si nous connaissions l'infinie complexité de la silencieuse machinerie de la Cause et de l'Effet ou de la Résonance Universelle, nous apprécierions muettement sa précision d'horlogerie. Nous sommes responsables (*"répondants"*) de chaque acte posé, bien que nous ne puissions avoir regard sur son dénouement ou ses conséquences, puisque ceux-ci échappent tout à fait à notre contrôle — ils sont la *"réaction"* répondant à l'action. Chaque acte est ainsi à la fois libre et déterminé. Nous jouissons d'une certaine liberté de base à l'initiation de l'acte, mais pas à son issue.

Tout cela est exprimé par le mot **karma**, un terme sanskrit intraduisible signifiant action **(kri)*** et qui comprend la Loi d'Action-Réaction, la loi de Rétribution dans l'après-vie, et la séquence d'événements favorables ou défavorables qui résulte de nos actes précédents et qui constitue un fardeau que l'on doit porter chacun pour soi. Le karma est exprimé dans la parole de saint Paul: "Tout ce qu'un homme sème, c'est cela qu'il récoltera." À cause de son sens tout à fait compréhensif — qui contient les *"retours"* nombreux pour liquider le karma passé — ce mot est préféré à d'autres, tels que *"destinée"*.

La réversibilité existe encore plus en ce qui regarde les pensées que par rapport aux actions visibles. Dans notre monde pragmatique, nous avons tendance à croire que le visible seul est de conséquence, que l'invisible, en revanche — surtout ce qui a lieu dans notre cerveau — est non existant jusqu'à ce qu'il débouche dans le visible. Une action, c'est un acte physique, pense-t-on. Mais l'évangile disait, il y a déjà 2000 ans, faisant écho à tous les Sages qui l'avaient précédé, que le moindre acte intérieur — surtout s'il est intérieur — récolterait des conséquences éternelles, d'autant plus justement qu'il serait posé au plan de l'intemporel en nous, du surmental, du spirituel.

* La racine du mot **croix** est également **kr**. *"Porter sa croix"* c'est *"porter son karma"*.

Il n'est même pas nécessaire qu'un désir soit physiquement réalisé, sa forme séminale suffit à encourir de la part de l'Univers, un conditionnement négatif ou un conditionnement positif. Il suffit d'une pensée pour aller contre les Lois de la Nature et susciter une réponse de sa part. Car, c'est le niveau de la pensée qui est le plus puissant, comme il était connu dans les sagesses anciennes. Une pensée est une impulsion très subtile d'énergie (mouvement, vibration) et d'intelligence (direction dans un sens) à la source de toute action, de toute la création — qui ne font qu'exprimer sous forme visible le dessein (logos) initial et invisible.

La puissance de la pensée (surtout si elle est doublée de l'émotion et de la volonté) est en effet quelque chose que le voyageur en Voie découvre avec un émerveillement croissant. Le mécanisme des Lois naturelles se dévoile graduellement à son regard, dans la mesure où il établit avec l'Ensemble un rapport très profond et très intime, où ces Lois sont le plan sous-jacent de l'harmonie universelle et de la croissance incessante vers la plénitude, c'est-à-dire au niveau de l'ordre parfait, de la quiétude complète, du croisement infini de toutes énergies, à la source de toutes possibilités — où la semence de toutes choses est latente.

La personne sur la Voie découvre peu à peu que ses désirs peuvent plus facilement se réaliser. Cette harmonie avec le Tout apparaît dans certains détails, par exemple: on reçoit un objet au moment où il est désiré. Cependant, cette harmonie n'est pas totale avant que l'on ne soit bien établi dans le Soi. La Nature ne soutient, ne seconde et ne favorise que celui qui, ayant médité et développé son attention au présent, mène sa vie avec discipline et responsabilité.

On ne peut maîtriser la nature qu'en se soumettant tout d'abord à elle. C'est une leçon que l'on apprend assez tôt sur la Voie. Il faut pratiquer un bon moment la plongée dans le Soi avant d'y vivre pleinement. Il ne suffit pas de s'entretenir de l'idée de la réalisation pour s'en approcher. Mais, parlant en général, pour le chercheur avancé, le commandement exprimant la Loi inévitable de la Réaction égale à l'Action — "aimer les autres comme soi-même" — devient progressivement une réalité vivante, sans qu'il ait à faire d'effort à ce niveau. Lorsqu'il est ensuite établi au-delà du mental, la moindre pensée, sans calcul ou concentration, s'accorde si bien avec le Cosmos (qui veut dire Ordre) que le chercheur comprend spontanément la force jaillissant de chaque pensée-impulsion, comme si elle était un laser ou un super-phare. Au cours de son évolution, qui peut être plus ou moins longue, il apprend très tôt à ne pas retenir de négativité (peur, haine) qui est la semence de toutes transgressions et qui retourne la Nature contre elle-même, c'est-à-dire contre l'homme en fin de compte — comme on le voit trop bien en écologie.

L'écologie est en effet universelle, cosmique: elle n'existe pas seulement entre homme et nature mais entre tous les aspects de l'homme (pensée, action, émotion) et tous les aspects de la nature, des êtres et des phénomènes qui entourent l'homme.

TOUT EST UN

— ce que l'on découvre aujourd'hui avec étonnement. Le bras de la Nature est long et il a la patience des labyrinthes infinis. Mais une fois semée l'action initiale, on peut être assuré que l'appareil entier se mettra en branle et n'aura de cesse qu'il n'ait atteint ses répercussions ultimes. Car la Nature est infiniment sensible, affinée, attentive et responsable. Il est plus facile de l'impressionner qu'il ne l'est d'affleurer un duvet d'un simple souffle.

Si nous comprenions — par expérience et dans notre être — la grandeur et la puissance dramatique de cette règle apparemment innocente, "aimer les autres comme soi-même", nous verrions que **tout est vraiment le Soi**. Chaque pensée nourrit le monde entier et en reçoit nourriture en retour. Le monde entier est sans cesse en communion. Il communie toujours. Cette communion devient plénière, pleinement personnalisée, lorsque **nous** comprenons, chacun pour soi, au niveau de l'éveil intérieur inscrit dans notre système nerveux, que c'est le Soi que l'on voit, sent et touche, que l'on accepte, reçoit et digère, que le Soi se donne à nous tous sous toutes les formes possibles où notre conscience est assez subtile pour le reconnaître.

Ainsi, une cybernétique infinie se joue sans cesse entre l'Absolu et le Relatif, entre le caché et le manifeste, jusqu'à ce que chaque être se soit réalisé lui-même — à quel point, la danse du don et de l'accueil se poursuit, mais sans que l'être profond y soit davantage impliqué, comme un jeu pur et simple: la **lila** védantique. Le mécanisme de Cause et d'Effet poursuit son cours et son déploiement, mais le Soi est hors d'atteinte de toute peine ou mutation. On a rejoint le palier où tout est libre et plein, parce que le désir a cessé de commander. On peut enfin pleinement jouir de tout, justement parce qu'il n'y a plus d'avidité. Quand le Soi est réalisé, il est au-delà du désir, comblé qu'il est de cette eau qui désaltère une fois pour toutes et qui jaillit de l'intérieur en fontaines continuelles. Il n'y a plus de souffrance au fond de l'âme, plus de besoins, car on **est** ce que l'on cherchait à **avoir**. Il n'y a plus de Voie, de cheminement. Simplement, la danse silencieuse de la Compassion entre toutes choses comblées.

la prière

Celui qui aspire à la libération peut faire de cette aspiration une prière vive et continuelle. Il n'a qu'à se tenir en présence de la Compassion, comme on se laisse chauffer au soleil. L'abandon conscient à cette Compassion-Conscience-Énergie sans bornes, voilà l'essentiel de la prière. La vraie prière n'est pas tout d'abord une demande, mais une offrande, un abandon léger, un oui simple et immédiat à Tout. La prière parfaite se résume dans l'expression "que ta volonté soit faite", ou son équivalent. Cet acquiescement, cette reddition de fond peut aussi s'exprimer par des paroles telles que "Christ-Amour, prends pitié" (modelée sur la prière des hésychastes orthodoxes — la Prière de Jésus), ou encore "Om Nama Bhagavate", "Om Nama Shivaya" (Seigneur, je t'adore), "Om Christe", "Compassion", "Lumière", "Amour", "Amen", "Amin", "Om", et enfin, le silence adorateur, l'attention dans la respiration ou l'absorption pure dans l'Espace. Ainsi, la parole va en se simplifiant au point de devenir silence.

Parce qu'elle ne demande rien, mais veut tout ce qui est, tout ce qui se passe, ce qui arrive, la vraie prière peut englober tous les êtres dans cette acceptation, leur voulant, malgré et au-delà de leurs difficultés, le bien-être complet et la libération de toute souffrance. Elle se fait guérison et amour dirigés vers tous ceux qui gravitent dans son univers. Elle est pure irradiation.

La prière est un contact, une communication avec la totalité. Une connaissance vive de la Réalité Totale. Parce que cette connaissance est aussi amour, la prière n'est pas une activité de l'intellect, mais du coeur. C'est le dialogue, l'expression, l'effusion de celui qui est tombé amoureux et qui cherche partout le visage aimé, ou qui le reconnaît en toute chose, en tout visage mal-aimé. Sa prière peut n'être aucunement émotive, toutefois. Plus elle se purifie, plus alors elle dépasse l'émotion, l'image, la formule, la nécessité de sentir et de voir. Elle se réalise dans la foi la plus complète. C'est alors que la prière atteint son maximum d'efficacité et de puissance. C'est aussi à ce niveau qu'elle est d'une grande simplicité — si bien qu'elle ne se décrit plus, elle est devenue discrète comme le souffle léger du méditant.

On peut prier toujours, en pratiquant cette ouverture au présent, cet accueil de tout ce qui est — en se tenant dans la Présence Compatissante. La prière sait reconnaître la Présence dans la Transparence. Il lui suffit d'un regard, d'un signe du doigt, d'un soupir, d'un mot, d'un geste, d'une lueur. La flamme de la chandelle a cessé de bouger, le vent est tombé. Pendant que la cire se consume, il n'y a que pur acquiescement, offrande silencieuse, reconnaissance joyeuse, attente incandescente. La prière, c'est la cire qui se fond dans la lumière.

la contemplation

La mystique chrétienne a l'habitude de diviser en trois étapes le progrès spirituel:

> la période purgative,
> la période illuminative,
> et la période unitive.

La *première étape* est celle où l'on apprend à reconnaître la prison de l'ego, puis à en sortir, par un boycottage systématique mais sympathique de ses expériences mentales-émotives-sensorielles. Durant cette première étape le chrétien-aspirant pratiquera la prière vocale et affective ainsi que la méditation discursive, afin de centrer son être sur une chose, de canaliser ses énergies les plus immédiates dans le divin, en apprenant à se dégager petit à petit des poussées de l'ego. L'aspirant verra sa conduite s'ordonner, se purifier, se libérer.

Cette étape trouve son parallèle dans les autres traditions. C'est l'étape du **brahmacharya** (apprenti) hindou qui pratique divers **mantras** (répétitions incantatoires de syllabes rythmées), les **tapas** (exercices d'ascèse), le **hatha yoga** (méditations corporelles), le **pranayama** (la maîtrise du souffle), les jeûnes, les actes d'hospitalité et de générosité. C'est l'étape du novice **zen** qui apprend les éléments de base des sessions de méditation et de la vie en commun.

● La **seconde étape** qui n'est pas vraiment séparée de la première et qui comme la troisième peut se retrouver diversement durant chaque partie du trajet, est celle de la libération vis-à-vis du mental et de l'émotion. Cela s'appelle aussi étape illuminative. La prière qui accompagne cette étape est la prière mentale, qui a pour but de purifier les pensées, de tendre vers leur dépassement, de transformer les habitudes culturelles, les croyances limitées. Cette étape trouve son homologue dans les premiers **samadhis**, les signes de **satori** pendant les **sesshins** (méditations zen prolongées et intenses) et le **nirvana** initial. Mais rien n'est encore stabilisé. C'est le début de la conscience cosmique. Le passage du transcendantal à la vie ordinaire n'est pas sans heurts dans les débuts.

● La **troisième étape** est celle de l'union à la Totalité, à la Réalité, à la Compassion Universelle. Le cheminement est complet. La conscience **(Consciousness)** atteint sa plénitude, elle est transformée en profondeur. La prière pratiquée à ce niveau est celle du *"simple regard"* ou de la *"quiétude"* — c'est la contemplation achevée. Il n'y a plus d'effort à ce niveau. Voilà le **nirvana** complet, le **nirvikalpa samadhi**, le **satori** parfait, le **fana-baqa** achevé, l'état du **jivan-mukta** (la libération totale pendant la vie terrestre).

Ces étapes ne sont que des jalons artificiels — la montée vers la lumière se fait sans saut, graduellement (ou d'un seul coup), et l'on ne peut savoir avec précision à quel point l'on se trouve. L'important, c'est de ne pas s'arrêter (ne pas se demander où l'on est), mais de continuer jusqu'à la perte totale de l'ego et la fusion totale avec le Tout.

Ces trois étapes de la spiritualité chrétienne culminent dans la Contemplation, qui comprend à la fois les étapes illuminative et unitive. La contemplation succède à la méditation discursive (c'est le sens du mot *"méditation"* dans la tradition chrétienne et qui diffère du sens que les traditions orientales donnent habituellement à ce mot). Par cette méditation discursive, le chrétien-aspirant apprend à concentrer son esprit sur un sujet spirituel. Par opposition à la méditation, la contemplation n'est pas active, mais passive. Elle est sans effort. Elle se produit lorsque l'ego s'est retiré et que le vide, le silence, la quiétude et l'attente occupent tout l'espace.

La contemplation est un phénomène essentiellement **spirituel**, qui peut même être identifié à la spiritualité pure. **Contemplare** veut dire: voir d'un point de vue élevé, comme en panorama ou d'un poste d'observation, c'est-à-dire **voir d'un niveau de conscience plus élevé**. Le contemplatif est un voyant, un *"gnostique"* (connaisseur par l'expérience), il connaît le divin de l'intérieur, non comme un objet, mais en s'identifiant à lui. Sa vision de la réalité est celle d'une **participation mystique** par rapport à une connaissance exotérique qui s'acquiert de l'extérieur par l'analyse et l'étude. Être contemplatif, tout en agissant, signifie être fondé dans l'Être, dans le Soi illimité, tout en opérant à l'intérieur des bornes de l'action. C'est là précisément la définition que la tradition védique donne de ce qui s'appelle la Conscience Cosmique ou universelle, cet état de l'éveil-au-Soi plénier et défini et continuel, c'est-à-dire dans toutes les conditions physiologiques, même pendant le sommeil.

Selon le trappiste Merton, qui est sans doute parmi les plus autorisés à parler de vie contemplative, "l'homme est fait pour la plus haute activité, qui est en fait, son repos. Cette activité, qui est la contemplation, est immanente et elle transcende le niveau des sens et du discours… C'est la raison d'être de son existence même." Merton définit la contemplation comme une intuition directe de la réalité, comme à la fois un don et un art — un art qu'il croyait malheureusement perdu. Il décrit la contemplation de façon vive et simple — comme quelqu'un qui la vit: "Dans son sens propre, écrit-il, la contemplation transcende tous *"objets"*, toutes *"choses"*, et va au-delà de toutes *"idées"* de beauté ou de bonté ou de vérité, elle laisse derrière toute spéculation, toute ferveur créatrice, toute action charitable, et *"repose"* dans l'inexprimable. Elle abandonne tout et trouve le Tout dans Rien — le **todo y nada** de saint Jean de la Croix."

Les contemplatifs de toute tradition ont diversement exprimé le surmental atteint durant la contemplation. Plotin l'appelle l'Un, Celui qui donne la Vraie Vie. Saint Bernard: la Parole Énergique. Ruysbroeck: l'Abîme. Sainte Catherine de Gênes: le Pur Amour. Saint Ignace de Loyola: la Gloire de Dieu.

Alors que les bouddhistes parlent du Vide; les Védistes, du Brahman-Atman; les Taoïstes, du Tao. C'est le silence que toute parole déforme, où toute parole échoue.

Dans **New Seeds of Contemplation**, Merton écrit: "La contemplation est un don soudain de conscience, un éveil au Réel à l'intérieur de tout ce qui est réel. Une conscience vive de l'Être infini à la racine de notre propre être limité... Tout se résume en une conscience — non une proposition, mais une expérience: *"JE SUIS".*" "La contemplation dont je parle ici, continue le moine trappiste, n'est pas philosophique. Ce n'est pas la conscience statique des essences métaphysiques appréhendées comme des objets spirituels, inchangeants et éternels. Ce n'est pas la contemplation d'idées abstraites... Ce n'est pas une sorte d'auto-hypnose, résultant d'une concentration sur son propre être spirituel intérieur. Ce n'est pas le fruit de ses propres efforts." Ailleurs dans le même ouvrage, il revient sur ce thème: "C'est une vive réalisation du fait que la vie et l'être en nous procèdent d'une Source invisible, transcendante et infiniment abondante. La contemplation, c'est avant tout la conscience de la réalité de cette Source. Elle **connaît** la source..." (La source d'eau qui alimente tous les puits...)

Enfin, dans **Zen and the Birds of Appetite**, Merton décrit la contemplation dans le langage neutre de la conscience et de l'être: "Elle commence, non à partir de la pensée sur le sujet qui est conscient de lui-même, mais de l'Être vu ontologiquement comme étant au-delà de la division du sujet-objet à laquelle il est en même temps antérieur. Sous-jacente à l'expérience subjective du moi individuel il y a une expérience immédiate de l'Être. Ceci est tout à fait différent d'une expérience d'auto-conscience, c'est complètement sans référence à un objet. Cette expérience ne contient rien de la division et de l'aliénation qui apparaît quand le sujet devient conscient de lui-même comme un quasi-objet. La Conscience d'être... est une expérience immédiate qui croît au-delà de la conscience réflexive. Ce n'est pas une *"conscience de"* mais **Pure Conscience**, dans laquelle le sujet comme tel disparaît." La Pure Conscience est l'expression même que la tradition védique utilise pour décrire l'état de conscience dite transcendantale **(turiya)**, c'est-à-dire, précisément ce que Merton appelle contemplation. Cette contemplation se réalise pleinement lorsqu'elle remplit toute action, et non seulement la méditation. Or, il est significatif que ce que saint Ignace de Loyola a conçu comme l'état idéal de l'apôtre et qu'il résume dans la devise **"In actione contemplativus"** (contemplatif dans l'action) et que saint Dominique avant lui avait exprimé dans **"Contemplata aliis tradere"** (transmettre aux autres les fruits de sa contemplation) soient résumés dans l'état de Conscience Cosmique dont parle le védisme, c'est-à-dire, dans la capacité de vivre pleinement du Surmental au milieu de toute activité.

D'autres contemplatifs de la tradition chrétienne ont exprimé des vues semblables sur la contemplation. Ruysbroeck, un maître rhénan du 14e siècle, parle de contemplation dans le langage de l'amour: "Quand nous sommes devenus voyants, nous sommes capables de contempler dans la joie l'éternelle venue de l'Époux... Quelle est donc cette venue éternelle de notre Époux? C'est une nouvelle naissance perpétuelle, et une nouvelle illumination perpétuelle... La manifestation de la Lumière Éternelle est renouvelée sans interruption dans les profondeurs de l'esprit. Voici que toutes les oeuvres humaines et les vertus actives doivent cesser; car ici, Dieu agit seul au sommet de l'Âme. Il n'y a ici rien autre qu'une éternelle voyance et une fixation de cette Lumière, par la Lumière et dans la Lumière. Et l'arrivée de l'Époux est si vive qu'il vient perpétuellement et demeure en nous avec Ses richesses sans fond. Son arrivée consiste, en dehors de tout temps, dans un **Éternel Maintenant...** Les yeux sont ouverts si grands qu'ils ne peuvent plus se fermer... Dans cet abîme sans limite de Simplicité, toutes choses sont embrassées dans la béatitude de la réalisation/ jouissance...". Encore, le même auteur écrit: "La contemplation nous place dans une pureté et un rayonnement qui est bien au-dessus de notre entendement... et nul ne peut contenir cette vision par la connaissance ou la subtilité."

Plusieurs siècles auparavant, saint Augustin écrivait dans ses **Confessions**, ces lignes brèves mais éclairantes: "Mon esprit... avec l'éclair d'un regard furtif, atteignit à la vision de **Ce Qui Est**. Et alors enfin je vis Vos choses invisibles comprises au moyen des choses qui sont faites..." Plotin, bien que non chrétien mais participant tout de même du néo-platonisme que l'on trouvera chez les mystiques chrétiens, écrit au sujet de la contemplation que "voir et avoir vu la vision n'est plus du domaine de la raison. C'est plus que raison, avant la raison et après la raison. Et peut-être que nous ne devrions pas parler ici de **vue**: car ce qui est vu n'est pas discerné par le voyant — s'il est même ici possible de distinguer le voyant et le vu comme choses séparées... C'est pourquoi cette vision est difficile à raconter: car, comment un homme peut-il décrire comme autre que lui-même ce qui ne semblait pas autre quand il le discerna, mais un avec lui-même?"

La contemplation est accomplie dans ce qui s'appelle "l'union à Dieu", l'union au divin dans toutes choses, l'identification la plus complète possible à Tout ce qui Est. "Alors, s'écrie Eckhart, lui et Dieu sont un, c'est-à-dire pure unité. Ainsi on devient cette vraie personne pour laquelle il ne peut y avoir de souffrance, pas plus que l'essence divine ne peut souffrir." Ruysbroeck utilisera un vocabulaire semblable: "Là, tout est plein et débordant, car l'esprit se sent une seule vérité et une seule richesse et une seule unité avec Dieu. La volonté nue, soutenue, est transformée et trempée de part en part par l'amour abysmal tout comme le fer l'est par le feu."

En leur faisant écho, notre contemporain Merton écrit: "Ce qui était perdu et dispersé dans le non-sens relatif et la trivialité du comportement insensé est ramené ensemble dans une signification consciente pleinement intégrée." Pour revenir à Eckhart, qui est à mon sens, avec François d'Assise, le contemplatif le plus complet dans la tradition chrétienne (Suzuki et Otto le considèrent comme celui dont les vues s'identifient le plus naturellement avec celles des mystiques bouddhistes), ce dominicain génial écrit ces lignes hardies: "J'ai maintenu et je maintiens encore que je possède déjà tout ce qui m'est accordé dans l'éternité. Car Dieu dans la plénitude de sa Divinité demeure éternellement dans son image — l'âme."

Le dernier dans la grande lignée des mystiques chrétiens, Jean de la Croix — dont toute l'oeuvre est en somme un commentaire sur ce que Denys l'Aréopagite avait appelé la nuit de l'âme, c'est-à-dire le divin dépassant et aveuglant les facultés ordinaires de la connaissance — voit la contemplation comme une transformation complète de l'âme à partir de son vieil état d'homme naturel (l'ego) jusqu'à son état renouvelé et surnaturel (le Soi). "En effet, écrit-il, l'âme est grandement empêchée d'atteindre ce haut état d'union avec Dieu quand elle s'attache à quelque entendement ou sentiment ou imagination ou apparence ou volonté ou manière qui lui est propre... et ne peut s'en détacher et s'en défaire. Car le but qu'elle cherche est **au-delà même de la chose la plus élevée qui se puisse connaître et expérimenter**; et ainsi, l'âme doit **passer outre toutes choses pour entrer dans l'inconnaissable.**"

Ainsi, ce n'est qu'en transcendant **tout**, "en laissant derrière tout ce qu'elle sent et expérimente, à la fois temporellement et spirituellement, et tout ce qu'elle peut expérimenter et sentir en cette vie, que l'âme désirera d'un désir entier parvenir à **ce qui**

surpasse tout sentiment et toute expérience." Après avoir transcendé toutes choses, c'est-à-dire en entrant dans la foi pure qui transcende toute connaissance qu'elle voile comme d'une nuit obscure, l'être peut enfin être transformé dans une ineffable union où il n'agit aucunement mais demeure tout à fait réceptif. Dans cette transformation, continue Jean de la Croix, "l'âme étant amenée dans **un nouvel état de connaissance** et de **félicité sans fond,** toutes autres vieilles images et formes de connaissance ont été rejetées, et tout ce qui appartient au vieil homme qui est l'aptitude du moi naturel, réprimé, et l'âme est revêtue d'une nouvelle aptitude surnaturelle par rapport à toutes ses facultés. De sorte que **son opération, qui était humaine, est devenue divine,** c'est-à-dire que dans l'état d'union, l'âme a atteint la possibilité de n'être rien que l'autel sur lequel Dieu est adoré dans la louange et l'amour et où Lui seul se trouve." De telle sorte que "**en permettant ainsi à Dieu d'y oeuvrer,** l'âme (...) est d'un coup illuminée et transformée en Dieu, et Dieu lui communique Son Être surnaturel, **si bien qu'elle semble être Dieu Lui-même** et possède tout ce que Dieu même possède. Et cette union vient quand Dieu accorde à l'âme cette faveur surnaturelle, que toutes choses de Dieu et de l'Âme **sont unes** dans la transformation participante; et **l'âme semble être Dieu plutôt que l'âme, et en effet elle est bien Dieu par participation.**"

D'après ces quelques citations, nous pouvons saisir les caractéristiques de la contemplation: elle est **sans effort, durable, surmentale** et **bienheureuse.** Elle est en effet le domaine de la spiritualité pure, ce qui est au-delà de toutes les bornes de la pensée et de l'émotion — de l'ego/mental — et qui est donc impersonnelle, sans contenu, dépassant toute description puisqu'il n'y a aucun objet à décrire, mais simplement le Sujet qui voit et sait. Autrement dit, il n'y a dans la contemplation-spiritualité que pur éveil intérieur, illimité, invisible, intemporel et inspatial, bienheureux et comblant.

Tel est le sommet de la connaissance, de l'expérience et de l'aspiration humaines. Hors cette plénitude, l'homme ne connaît jamais de Bonheur, mais pourchasse des bribes de bonheurs épars qui affament son âme et fatiguent son corps. En dehors de cette union complète, de cette guérison de toutes divisions, l'homme est réduit à une existence appauvrie, à une incompréhension continuelle, à une ignorance inguérissable. L'homme dans sa véritable stature est un contemplatif, quelqu'un qui voit au-delà des apparences, qui aime au-delà des blessures, rejets et tristesses, et qui vit à fond toutes ses possibilités dans un présent comblé.

le soi ne souffre pas

L'ego, domaine de la souffrance et de la frustration, est appelé à se fondre dans la libération heureuse du Soi. Le Soi, lui, ne souffre jamais, il est pure félicité, alors que le corps/mental est souffrant, même après la libération complète. Cet état souffrant n'affecte en rien le Soi — comme un Centre qui ne serait aucunement troublé par ce qui se passe à la circonférence.

Il y a donc en chacun de nous deux niveaux d'expérience — celui du moi individuel qui vit dans les tiraillements, l'insatisfaction, le regret, la peur, la haine — et celui du Soi universel ou du Surconscient, qui englobe le subconscient et l'inconscient, par lesquels il s'exprime souvent. (L'inconscient, c'est la part en nous qui **n'est pas atteinte** par le conscient et à cause de cela s'appelle in-conscient; cependant, c'est un état de **connaissance** réelle.) Le Soi est au-delà de tout conflit, de toute frustration, de toute peur — si bien qu'aussi longtemps que l'on est conscient uniquement du petit moi, on souffre davantage.

Chez les personnes spirituellement libérées ou réalisées, la souffrance de l'ego demeure chose réelle, mais elle a cessé de **troubler** le fond de l'être — un peu comme le fond de la mer n'est pas affecté par les vagues de surface. La souffrance ne présente alors qu'un seul côté de la médaille. Il y manque une vue d'ensemble, une expérience plus universelle et englobante, où les limites de l'ego sont résorbées dans une plus vaste compréhension. Pour une personne qui vit surtout au niveau de son ego, la paix et la joie profondes de son être ne sont guère connues — elles demeurent dans l'ombre, à l'état de semence, d'aspiration ou de regret.

Nous sommes tellement habitués à nous voir comme souffrants, que nous avons peine à croire que le fond de notre être, que l'essentiel en nous, est au-delà de la souffrance. Mais une seule expérience de cette joie paisible, comme une nappe de cristal, suffit à remettre en question notre conception de l'homme, de la vie et de l'univers.

Le Soi, cette dimension en nous qui dépasse le mental, l'émotion, et le corps, est en effet par là-même au-delà de toute souffrance, de toute limite et de toute frustration. Mais parce que nous souffrons, parce que nous ne sommes pas pleinement humains et refusons de connaître les vraies dimensions de notre être, nous affamons le divin en nous, nous étranglons le Soi. C'est dans ce sens que nous pouvons dire que le divin "souffre". Dans la mesure où nous n'avons pas réalisé le Soi divin, **nous souffrons** et nous projetons cette souffrance sur le divin.

Car l'ego a une tendance incorrigible à projeter sur le Soi sa propre image, à anthropomorphiser le divin. Par le passé, l'homme a souvent vu le divin comme *"vengeur", "impatient"* ou *"attristé"*. Mais c'est la façon dont l'ego regarde le Soi — à travers ses propres passions, puisque l'on ne peut voir que ce que l'on est.

Le Soi est éternel et libéré de toutes les limites de la vie, aussi bien que de la mort. Il est entier à ce moment du temps, sans référence au passé ou à l'avenir. "Passé et futur, nous dit Shri Rajneesh, n'existent que pour l'ego, qui s'évade constamment du présent. Mais le divin n'est que dans le présent, qui est ce que nous connaissons ici-bas de l'éternité." Le Soi transcende le temps — non dans le sens qu'il est connu après la mort physique, mais en ce qu'il est connu par la mort de l'ego. C'est le sens de l'expression: "On ne peut voir Dieu sans mourir", — c'est-à-dire qu'on ne connaît pas le divin à moins de perdre l'ego. Il n'est pas question avant tout de la mort, qui est simplement la perte du corps physique. La mort de l'ego est la seule mort qui importe — et une fois qu'elle est réalisée, la mort physique a perdu de son effet et de son importance.

Ainsi, la résurrection est une réalité pour cette vie même. "Le pas final et complètement libérateur, dit Gerald Heard, peut être fait ici-même. Oui, ici et maintenant, dans le corps et en ce monde. Nous pouvons devenir libres de tout accident, en étant UN et unis à la Vie Éternelle. Nous voyons et connaissons pour de bon cette Réalité présente et intentionnelle, qui se tient toujours derrière le cours des événements, qui apparaissent à l'homme ordinaire comme une série interminable d'accidents."

De même, dans la tradition hindoue, le **jivan-mukta**, c'est celui qui est définitivement libéré ici et maintenant — non dans l'au-delà: "Celui qui a atteint la vraie connaissance est libre de son corps même pendant qu'il est encore en vie. (...) Celui qui sait n'est plus relié à l'action d'aucune sorte. Donc, l'homme qui a une fois compris que Brahman est le Soi, n'appartient plus comme avant à ce monde changeant. En revanche, celui qui appartient encore à ce monde changeant, n'a pas compris que Brahman est le Soi." (Shankara)

Dès que cesse la souffrance de se croire séparé et de ne pas vivre dans l'instant, l'ego cesse d'exister. C'est alors que le Soi peut tout attirer à lui, parce qu'il n'y a plus d'obstacle: "Lorsque Je serai élevé de terre, J'attirerai tout à Moi." Shri Ramana Maharshi, un des plus grands saints de tous les temps, dit à ce sujet: "Le corps physique est la croix. Jésus, le fils de l'homme, est l'ego ou l'idée que "je suis le corps". La crucifixion de l'ego entraîne la résurrection du Soi glorieux."

> ### RESSUSCITER,
> ### C'EST VIVRE UNIQUEMENT DANS LE PRÉSENT.

En atteignant le plein éclairement intérieur, on devient témoin de ce qui se déroule dans le corps, comme si cela appartenait à quelqu'un d'autre, comme si *CELA* agissait tout seul sans qu'on y soit de la partie. Alors, on ne regrette plus la disparition du corps, on ne soupire pas après son "retour": on est fondé au-delà du désir, au-delà des frontières du mental et du physique, dans le domaine de l'être, dans le champ illimité de la conscience et de la béatitude.

"*L'homme intérieur du Christ se tenait dans le plein exercice de sa nature divine, dans la paix éternelle, la joie et la béatitude parfaite. Mais l'homme extérieur se tenait avec le Christ dans toute souffrance, dans toute tribulation, affliction, dans tous ses labeurs pénibles; cela de telle sorte que l'homme intérieur demeurait immuable, intouché et aucunement empêché par toute cette souffrance. Il a été dit que lorsque le Seigneur, selon l'homme extérieur, fut lié au pilier et fouetté puis pendu à la croix, cependant, selon l'homme intérieur, il se tenait en pleine possession de la joie divine et de la béatitude, comme il en fut après son ascension ou comme il en est à cette heure même... De la même façon, son homme extérieur ne fut jamais lié ou empêché par l'homme intérieur dans ses réflexions et occupations propres.*"

Theologia Germanica

"Dans chaque être humain sont deux hommes différents: l'un se nomme l'homme extérieur, c'est l'être sensitif; les cinq sens le servent... L'autre homme se nomme intérieur, c'est l'intériorité de l'homme... Or, tu dois savoir que l'homme extérieur peut avoir une activité, alors que l'homme intérieur demeure totalement libre et insensible. Or, dans le Christ aussi étaient un homme extérieur et un homme intérieur... Ainsi lorsque le Christ dit: "Mon âme est triste jusqu'à la mort", son intériorité demeurait dans un détachement immuable... Selon Salomon, rien de tout ce qui peut lui arriver n'afflige le juste. En effet, la souffrance et la tribulation ne peuvent pas plus le frapper qu'elles ne frappent Dieu lui-même. En Dieu, il n'y a ni tristesse, ni souffrance, ni tribulation. Car toute souffrance vient de l'attachement affectif."

Meister Eckhart

"Le côté extérieur est notre nature physique mortelle, qui continuera de souffrir et de peiner tout le temps de notre vie... Le côté intérieur est élevé et joyeux et vivant, tout paisible et aimant... L'apparence du crucifié était triste et pénible, mais en même temps, elle était joyeuse et contente, car il est Dieu... Il me montra alors la joie et le bonheur de sa passion... Tout ce qu'il a fait ne lui coûte rien, à part le labeur qu'il accomplit dans son humanité... Car seul le fils de la Servante souffrait."

Julienne de Norwich

la poursuite du bonheur

Ceux qui sont parvenus au but disent que la libération n'est pas une chose à chercher — qu'elle vient d'elle-même, qu'elle est toujours là. Qu'en est-il? Le but est à la fois lointain et proche, facile et difficile. Avant l'illumination, il y a la montagne, au moment de l'illumination, elle se transforme totalement, après l'illumination, la montagne reprend sa forme. Mais il y a quand même quelque chose de changé: le rapport entre le voyant et la montagne qui s'est transformé. L'Attitude. L'Attention.

IL FAUT LONGUEMENT ET ARDUMENT
PASSER PAR L'EXPLORATION
AVANT DE COMPRENDRE
QU'IL N'Y A JUSTEMENT RIEN À DÉCOUVRIR.

Que c'était toujours là — que c'est nous qui n'y étions pas.

Il s'agit d'être au présent. Ici et maintenant (l'espace doit être inséparable du temps). Nul regret du passé, nulle anxiété quant à l'avenir — passé et futur sont dans le présent et n'existent que vus par lui: ils sont projetés par l'esprit. C'est au présent qu'on regarde ce passé *"enfui"*, ou ce futur *"promis"*. Et c'est le mental qui nous empêche de ne regarder que le présent. Il s'agit de se libérer du mental.

Être là, tout absorbé par l'événement — comme un enfant fasciné par le nouveau jouet, un bruit inusité, un visage inconnu, une petite bête — sans intervention mentale, sans voilement du mental qui ne cesse de faire ses commentaires, qui compare avec d'autres situations analogues et se promet d'y revenir si la chose lui plaît. Le mental c'est le regard double qui louche de droite et de gauche (di-visé: double vision), qui tend vers l'avenir ou vers le passé. Le mental se nourrit de la peur de perdre quelque chose et du désir de l'obtenir dans un avenir idéalisé. Il penche d'un côté ou de l'autre, incapable de se tenir dans la verticale de l'instant. Jamais il n'est au présent, il refuse de se perdre dans l'événement qui passe (il refuse de le voir passer), il s'ennuie de goûter à fond une simple chose comme une gorgée d'eau (il lui faut songer à mille autres soifs plus capiteuses), il ne tolère pas de simplement admirer le paysage (il lui faut renvoyer aux souvenirs de randonnées ou à des projets de chasse à l'automne), il n'aborde pas le nouveau venu sans l'enduire préalablement de jugements, de catégories, de soupçons. Le mental a peur de la nudité, il est toujours enrobé, comme un oignon, comme un frileux. Sans innocence.

Le **Samadhi**, c'est précisément cette égalité d'esprit (**dhi**: intellect) qui ne penche ni d'un côté (le désir du passé — regret), ni de l'autre (le désir du futur — projet), mais qui se tient au milieu, dans l'instant, comme l'oiseau-mouche vibrant immobile devant la fleur. C'est battre au pouls même de l'événement, se tenir à la fine pointe du présent en train d'écrire son dernier trait, et hors de quoi la page est blanche.

Le Samadhi, c'est l'absence du mental (**a-dhi**), le congé du coeur délivré de tous ses programmes et projets et à qui tout peut être présent tel que c'est. Pouvoir enfin être totalement **concentré** — être tout dans l'acte de manger lorsqu'on s'y met (plutôt que de faire plusieurs choses à la fois: lire le journal, causer, pour oublier que l'on mange), être pleinement absorbé (sans être *"poigné"*) dans le mécanisme complexe et subtil de la marche, pendant qu'on se promène à la campagne ou qu'on fait ses *"courses"* (curieusement, on ne fait pas habituellement ses *"marches"*) au super-marché.

Être en samadhi, c'est être *"juste"* au sens de l'Écriture. L'homme **juste** — selon la justesse plutôt que la justice. Se rappeler que *"péché"* en grec veut dire *"manquer la cible"*. Un homme juste n'est ni à droite ni à gauche — il est **juste là**, il arrive pile. Tout l'art floral et martial de la tradition Zen s'y trouve.

En Inde, les singes se font prendre dans des pièges très habilement tendus, pratiqués au fond d'une grosse noix de coco, où l'on a creusé un trou pour y cacher la nourriture préférée de la bête. L'habileté du chasseur consiste à pratiquer un trou juste assez grand pour que la main du singe puisse pénétrer, mais dont elle ne peut se retirer sans lâcher la proie convoitée. Et comme le singe, dans son entêtement et sa sottise, ne veut pas lâcher prise, il est bel et bien pris. Le piège, c'est autant sa propre cupidité que l'appareil lui-même.

Les Soufis racontent qu'un jour Mulla Nasrudin, le sage légendaire aux allures de sot, s'en fut au marché du village. Il y trouve une grande quantité de beaux piments rouges vraiment pas chers. Devant pareille aubaine, il décide d'acheter tout le lot et, revenu chez lui, se met à manger ses piments. La bouche en feu, les yeux en eau, il ne s'arrête pourtant pas de bouffer. Attirés par les gémissements, ses amis tour à tour se hâtent à ses côtés pour lui demander: "Nasrudin, qu'est-ce qui te prend de vouloir manger ainsi des piments rouges?" "C'est que j'en cherche toujours un qui serait doux", réplique le petit vieux, la voix étouffée.

Ce qui fait souffrir, c'est notre inlassable désir de quelques brefs plaisirs parmi les longs et pénibles ennuis de la vie (qui sont refusés autant que les plaisirs sont poursuivis). On n'accepte pas les choses telles qu'elles sont, on les veut autres. On aspire toujours au fameux Bonheur comme si c'était un avion qui nous attend pour partir, un horizon à atteindre derrière la colline qui fait obstacle, ou une loto promise — une *CHOSE* dans le temps et l'espace, que l'on pourrait posséder et chérir et qui nous guérirait de tout. Une chose bien reconnaissable, unique et évidente — séparée, surtout, cela est très important, séparée de tout malheur.

> *MAIS RIEN DE CE QUI EST À L'EXTÉRIEUR DE NOUS*
> *NE PEUT NOUS DONNER LE BONHEUR OU LE SALUT.*

On veut un bonheur *"sans mélange"*. Quelque chose comme la *"race pure"* chez un animal. (Plusieurs ministres religieux le font placer dans un au-delà, mais c'est la même course, le même mécanisme: la poursuite d'une *CHOSE* en dehors de soi.) Or, le *"bonheur"* n'est pas possible s'il y a poursuite. Il fuit à mesure qu'on le poursuit, comme le fameux mirage du désert. Poursuivre c'est chasser. Faire partir. (Aux USA, chacun a **droit** à sa poursuite — *"The Pursuit of Happiness"* — un droit garanti par l'État!)

Toute poursuite contient de la peur, de l'angoisse, de l'attachement, de l'impatience, et il n'est pas possible que ces poisons
s'annulent dès l'instant que le but est atteint. (L'énergie embauchée ne fait que continuer son mouvement jusqu'à épuise-
ment.) Les poisons accumulés pendant la poursuite font place
à d'autres poisons: **la peur de perdre** ce qui a pris si longtemps
à être obtenu, **l'angoisse de ne pas en jouir** assez intensément
("faut prendre ça quand ça passe - ça ne revient pas"), la **fébrilité**
de celui qui a **enfin** atteint le rêve tant convoité et dont le corps/
mental n'est pas assez en paix pour en jouir pleinement. C'est
ainsi que tant de couples triment dur et longtemps en vue de
décrocher *"un jour"* un gros lot, pour se retrouver à 60 ans,
fatigués, épuisés, incapables de jouir du bonheur promis —
c'est-à-dire du **but** même qu'ils s'étaient donné. Au lieu de vivre **à l'instant**, ils vivent pour (ou dans) un avenir qui ne vient
jamais (puisque c'est le propre de l'avenir d'être toujours *"à
venir"*). Ils sont ailleurs. Le *"bonheur"* est un ailleurs. Or, il n'y
a précisément pas d'ailleurs que dans le mental. C'est une de
ses fictions les plus réussies.

Passent les jours et passent les semaines

Ni temps passé

Ni les amours reviennent

Sous le pont Mirabeau coule la Seine

(Apollinaire)

Ainsi tout désir-aspiration, toute poursuite de même que toute possession, toute arrivée (en anglais: *"man, you've made it"*) sont purement et simplement souffrance et frustration, comme le Bouddha nous en avait avertis il y a longtemps. Les deux phases ne sont que les deux côtés d'une seule médaille. Elles n'existent pas séparément, comme le mouvement pendulaire vers la gauche appelle son penchant vers la droite, ou comme le yin répond au yang: le faible au fort, le concave au convexe et la fin au commencement.

L'attache émotive à toute chose (événement, personne, objet), qu'elle soit passée, présente ou à venir, est un trait caractéristique de l'ego qui, on s'en souvient, comprend corps, mental et émotion. L'émotion — énergie neutre en soi — change de signe selon qu'elle est embauchée par l'ego ou par le Soi. L'émotion de l'ego, c'est l'**émotion-passion** (haine, angoisse, peur, jalousie, colère, possessivité), alors que l'émotion du Soi, c'est l'**émotion-compassion** (admiration, joie, confiance, spontanéité, miséricorde, tendresse, magnanimité). L'émotion-passion est destructrice, centrée sur elle-même: elle est un cancer.

Il est à ce propos fort significatif de noter la relation entre émotion et tumeur maligne, fait d'autant plus éloquent que notre époque est témoin d'une prolifération alarmante de cancers de tous genres. On lit en effet dans **Human Encounter With Death** de Stanislas Grof et Joan Halifax (Dutton 1978, p. 109), ce passage fort révélateur:

Il est instructif de renvoyer à un article par Carl et Stephanie Simonton où ils passent en revue la littérature médicale qui recouvre différents aspects de la relation entre facteurs émotionnels et tumeurs malignes. Selon eux, dans plus de 200 articles analysés, le consensus général c'est qu'il existe une nette relation entre émotion et cancer; la question ne semble donc pas de savoir si une telle relation existe, mais c'est plutôt une question de degré et de signification pratique. Les traits de personnalité des cancéreux ainsi que les facteurs qui prédisposeraient le plus probablement au cancer sont les suivants, selon les différents auteurs de ces articles:

1— une grande tendance à garder du ressentiment et une profonde incapacité au pardon;

2— une tendance à se prendre en pitié;

3— une faible capacité de développer et de maintenir des relations avec autrui qui soient durables et pleines de sens (**meaningful**);

4— une très pauvre image de soi-même.

Le couple Simonton a suggéré qu'un pattern à long terme d'**inacceptation fondamentale** pourrait être un commun dénominateur sous-jacent à toutes ces caractéristiques de personnalité. Selon eux, ce pattern de vie culmine souvent dans la perte d'une chose profondément aimée, perte qui se situerait entre le 6e et le 18e mois précédant le diagnostic.''

Le cancer, c'est vraiment la maladie de l'ego, de cet entêtement à se croire isolé du reste, de cette incapacité de se perdre dans plus grand que soi. Le cancer nous montre non seulement combien corps et esprit sont reflets l'un de l'autre, comme les deux côtés d'une médaille ou comme le convexe et le concave, il nous montre aussi comment une partie perd son sens lorsqu'elle est séparée du tout. Or, **le cancer peut tuer tout le corps** — il détruit le sens de l'ensemble en refusant d'être une cellule au service de tout le corps. Et dans le processus, il se détruit lui-même, puisque le cancer qui persiste ne peut mener qu'à la mort de ce qu'il veut s'approprier. À la fin, tous les partis sont perdants.

Trop détester ou trop aimer, c'est égal. C'est le *"trop"* qui les identifie. On ne désire que parce que l'on souffre — on désire en sortir. On ne souffre que parce que l'on désire — on ne possède pas encore ce qui nous en ferait *"sortir"*. Or, il n'existe que le présent. Lui seul nous guérit de tout. C'est d'arriver au présent qui compte. Et c'est ce qui est le plus difficile. Mais c'est vraiment cela qu'on cherche. La seule position possible, c'est donc l'acceptation de Tout Ce Qui Est. Vivre pleinement l'Ici-Maintenant avec toutes ses frustrations et toutes ses satisfactions. Prendre la bouchée entière, sans rien refuser, sans cracher la partie amère.

Accepter que l'autobus soit en retard — et retardera mon arrivée à l'usine ou au bureau. Accepter que la poste soit lente (ou en grève), qu'il pleuve alors qu'on se promettait une sortie. Accepter d'avoir le rhume, d'avoir manqué un programme favori. Accepter que les nouvelles attendues ne soient pas *"bonnes"*. Tout accepter. Accepter tout rondement la totalité, comme le cercle qui contient à la fois le yin et le yang, ou la vie qui contient la peine et la joie, la frustration et le plaisir, le passé et l'avenir.

Voir toutes choses telles qu'elles sont, à commencer par nos passions, nos envies, nos insatisfactions, nos impatiences, nos rages, nos instincts meurtriers, l'intolérance, la domination et la possessivité. Apprendre à les reconnaître. **OBSERVER**. Les voir apparaître dès qu'un événement nous touche ou nous ébranle; devenir sensible à la façon dont on réagit à tout. Et reconnaître intérieurement, avec un simple étiquetage, chacune de ces réactions: *"colère"*, *"poussée sexuelle"*, *"peur"*, *"jalousie"*, *"contentement"*, *"jugement"*, *"amour"*. Quand un personnage désagréable nous parle, dépister la naissance de chaque réaction en nous: *"aversion"*, *"mépris"*, *"impatience"*.

Avec l'entraînement, on se rendra ainsi compte de deux choses: **Premièrement**, que le fait de nommer l'action ou la réaction la neutralise graduellement, lui fait perdre son aspect dramatique, son "aura" mystérieuse, son prestige.

Deuxièmement, que la fonction observatrice en nous qui reconnaît de la colère n'est pas elle-même en colère. C'est-à-dire qu'il se crée un **dé-collage**, un détachement vis-à-vis de l'action ou de l'attitude notées, avec la conséquence naturelle que l'on se sentira de moins en moins identifié à cet acte, qu'on le verra de plus en plus comme une chose neutre (comme on voit un poteau de téléphone ou qu'on regarde un train passer), une chose qui n'est pas le vrai nous, qui ne nous engage pas vraiment, qui n'a pas de *"je"*. Un simple processus.

Revenons sur chacun de ces deux traits.

PREMIÈREMENT.

Le fait de nommer paraît ici essentiel, comme si d'être nommé, l'acte mental (peur, colère, avidité) est comme mis à jour, décapé, exposé. On se rappellera qu'autrefois dans le rite de l'exorcisme, un des éléments essentiels à son efficacité, consistait à nommer les *"démons"*. Ce qui se passe ici est fort semblable. Ce principe est fondé sur deux constantes psychologiques:

— pour qu'il y ait harmonie intérieure, ce qui est vu comme aliéné en nous, ou essentiellement autre, doit être rejeté;

— ce qui est vu comme incompréhensible (ou inadmissible) est généralement perçu comme distinct de nous et à expulser.

On peut dire que c'est ce qui pour une autre tradition aurait précisément reçu le nom de *"démons"*: les divers aspects négatifs du moi ou, comme disent les Bouddhistes, *"les blocages ou empêchements"* tels que colère, impatience, paresse, possessivité, peur et doute. Avec le temps on reconnaît l'attitude ou la poussée négative comme quelque chose de familier, de bien à nous: "Te voilà encore, vieille colère." On récupère ainsi les parties en nous que nous refusions. Et cette reconnaissance répétée agit un peu comme une bête qu'on apprivoise: elle cesse de nous effrayer, elle disparaît dans le décor.

Mais cet apprivoisement ne se réalise qu'à deux conditions: qu'on y mette le temps, et qu'on ne soit jamais **contre** (ou trop pour) ce qui se passe ou ce qu'on trouve en soi — autrement, c'est rouvrir le piège et libérer le fauve.

ON NE FAIT QU'OBSERVER:
il y a de la colère ici, il y a peur.

Si on n'est pas content de se découvrir coléreux, que l'on reconnaisse au moins ce mécontentement avec le même esprit d'observation neutre. Autrement, le fait d'être contrarié de se voir perdre le contrôle — c'est un autre obstacle qui s'ajoute. Or, il s'agit de **TOUT** accepter, de tout reconnaître sans condamner, sans juger, sans détester — sans non plus s'y complaire.

Apprendre à se pardonner, à s'aimer tel qu'on est, à accepter que le moi héberge quantité de traits désagréables, c'est sans doute le commencement de la Voie. C'est l'accès à un niveau de conscience différent.

LE PASSAGE DE L'INTOLÉRANCE À LA TOLÉRANCE.

Une des clés centrales du progrès spirituel. Établir la paix **tout d'abord avec soi-même** et ne pas s'en vouloir d'être où l'on est (ou comme on est). Il n'y a pas d'état ou de moment privilégié pour suivre la Voie: tous les moments sont bons, tous les humains peuvent y avoir accès, tous les tempéraments ont leur place et peuvent servir. Ce ne sont pas les prédispositions caractérielles qui comptent autant que.

L'ATTITUDE QUE L'ON PREND VIS-À-VIS DE TOUTES CES DONNÉES.

Rien ne peut nous nuire que dans la mesure où on se laisse affecter ou impressionner: c'est la perception, la réaction qui fait le perçu, c'est l'**interprétation** de la chose, de l'événement ou de la personne aimée ou détestée qui nous touche vraiment, non la chose elle-même, l'événement ou la personne. (Voir à ce sujet, le livre de Laura Huxley, **You Are Not The Target — Vous n'êtes pas la cible**.) C'est notre accueil — notre perception — qui rend les êtres et les situations offensifs autant que leurs propres dispositions — rappelons-nous le concave et le convexe. Car chaque événement désagréable, chaque personne détestable ne l'est que par notre perception émotive, c'est-à-dire que l'événement ou la personne nous blesse parce qu'il y a en nous un point sensible qui est de connivence avec la vibration qui pénètre. C'est le phénomène de **résonance**. Les choses blessantes le sont parce qu'on les perçoit ainsi, parce que notre mental-émotion-sensation et projette une coloration. C'est de ces **réactions** émotives qui empoisonnent nos vies, qu'il s'agit de prendre enfin conscience. C'est un cas où la bête perd son poison d'être perçue comme non venimeuse.

DEUXIÈMEMENT.

Cet observateur qui reconnaît sans être impliqué n'est pas en réalité un observateur, c'est-à-dire un **être distinct**, mais l'absence de tout ce qui en nous se prend pour quelqu'un ou pour quelqu'un d'autre. Le Soi, c'est cette dimension sans voiles, sans horizons, sans murs, transparente, lumineuse et sans faiblesse, qui nous habite — bien plus, qui **est** nous-même, le meilleur de nous, le seul vrai nous-même, le divin en nous. Le Soi n'est pas connaissable par l'intelligence. Il n'est pas quelque chose ou quelqu'un, il n'a pas de forme, et ne peut donc être saisi, objectivé, compris. Il est au-delà de la **nama-rupa**: le nom et la forme.

Cette *"fonction pure"* qui voit tout mais sans juger, n'est donc pas un *"être"* qu'on rencontre après avoir dépassé l'ego.

LORSQUE LE RIDEAU SE LÈVE IL N'Y A PERSONNE SUR SCÈNE.

Il n'y a justement plus de scène et de spectateur. Car une fois disparu l'ego — les voiles de l'interprétation illusoire — il n'y a plus personne. Il n'y a plus de je. Ce qui reste, c'est une conscience de diamant, claire, durable, cosmique, qui ne dit plus je, qui est identifiée à toutes choses, qui habite toutes choses, qui est le Tout de l'intérieur. Tous les êtres deviennent son corps. Il n'y a plus de *"ils"* et de *"nous"*. Tout est *JE*. Il n'y a plus rien à connaître **là-bas**. Car il n'y a plus de là-bas. Il n'y a qu'*ICI, CELA, AUJOURD'HUI, SON, SILENCE, LUMIÈRE, PAIX*. Mais, c'est surtout et tout d'abord: *SIMPLICITÉ.*

Le mental n'a pas ce qu'il faut pour comprendre cela. C'est pourquoi il doit disparaître. S'il veut que Cela se révèle. L'ego veut voir le Soi, en même temps que rester ego — **avoir** les deux simultanément. Mais il ne peut sortir de l'aquarium sans mourir. À ce stade, tout a changé, mais d'une façon, rien n'a changé: on est simplement libéré du mental, de tout concept qui empêchait de vivre entièrement l'instant, on fait son marché, on prépare les repas, on va au bureau, on se couche, on joue avec les enfants, comme avant. Mais dans une liberté complète et sans aucune peur. La vie ne continue pas: elle commence à l'Instant.

Le Bonheur, c'est cela.

mourir

La vie ne s'arrête jamais. Elle est courbe. Elle est même sphéri-
que. Il ne s'y trouve pas de point fixe. Pas de ligne droite décou-
pable en segments, mesurable à point nommé. Mais un flot
continu. Un torrent silencieux d'énergie circulaire. Une danse,
une ronde. Une rayonnance qui respire. Se gonfle, se retire.
Avance, recule. Rapidement. Lentement. Éternellement.

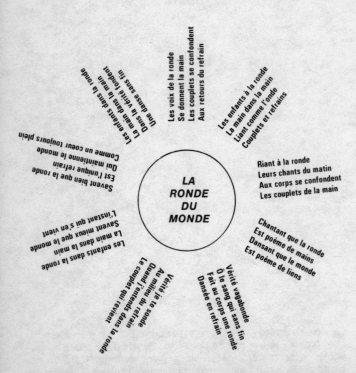

Les voix de la ronde
Se donnent la main
Les couplets se confondent
Aux retours du refrain

Les enfants à la ronde
La main dans la main
Liant comme l'onde
Couplets et refrains

Riant à la ronde
Leurs chants du matin
Aux corps se confondent
Les couplets de la main

Chantant que la ronde
Est poème de mains
Dansant que le monde
Est poème de liens

Vérité vagabonde
Ô le sang qui sans fin
Fait au corps une ronde
Dansée en refrain

Vérité je te sonde
Au milieu du refrain
Quand j'entends dans la ronde
Le couplet qui revient

Les enfants dans la ronde
La main dans la main
Savent mieux que le monde
L'instant qui s'en vient

Savent bien que la ronde
Est l'unique refrain
Qui maintienne le monde
Comme un coeur toujours plein

Les enfants dans la ronde
La main dans la main
Dans la vérité fondent
Une danse sans fin

LA RONDE DU MONDE

* Poème inédit de l'auteur.

Je ne meurs jamais. Le corps que je porte, je m'en dévêts un jour, une fois pour toutes, après les nombreuses mini-morts d'heure en heure, de ces millions de cellules qui tombent comme feuilles d'automne. Mourir, ce n'est pas *"rendre l'âme"* comme si le corps *"avait une âme"*, mais rendre le corps. (La *"dépouille"* mortelle exprime d'ailleurs cette idée.) Comme si on s'allégeait pour entrer dans la mer. Je **porte** ce corps comme une robe, un coquillage que j'abandonne. Je me déleste d'un poids pour monter comme la flamme. D'un caisson, pour éclater comme un obus.

Ceux qui durant cette vie pratiquent la sortie du corps (OBE: **out-of-the-body experience**), soit systématiquement, comme cela se faisait à l'époque des mystères initiatiques de l'Égypte, d'Éleusis ou au Tibet; et de nos jours au laboratoire du businessman Robert Monroe, soit spontanément comme des milliers de personnes qui se voient en train de regarder leur corps immobilisé par un accident, par une maladie ou simplement par la fatigue, ces personnes ne craignent plus de mourir, puisqu'elles y sont passées bien souvent de façon consciente et se sont vues détachées du corps, tout en maintenant une conscience et une mobilité plus vastes et plus vives, qu'à aucun autre moment de leur vie.[*]

---

[*] On peut sans passer par l'expérience de la *"sortie du corps"*, arriver à se libérer de ses craintes de la mort, au moyen de la méditation sur sa propre mort, en l'imaginant avec le détail le plus cru, comme cela se fait dans certaines traditions, notamment le bouddhisme tibétain et le christianisme.

Les recherches récentes sur la mort s'insèrent dans la grande montée de la surconscience, qui s'est manifestée tout d'abord par les percées de la *Beat Generation* (années 50), suivies par les explorations psychédéliques des *Hippies*, qui ensemble déclenchèrent l'avalanche contreculturelle — Slater, Roszak, Reich, Dylan, Hendrix, Baez, Leary, Ram Dass, Berrigan, Keen, les Beatles, les *"encounter groups"*, le groupe d'Esalen, le groupe New Dimensions, Findhorn, Whole Earth, et la cascade de cultes et de gourous: les New Religions de Needleman, qui ont envahi l'Amérique et l'Europe.

Cette effervescence qui ressemble bien à une gestation, à l'annonciation d'une nouvelle naissance, produisit, après ces sorties plutôt agressives et désordonnées (mais sans doute nécessaires), une soudaine **rentrée** en soi-même — faisant suite au retour des vétérans du Viet-Nam et au repliement-sur-soi de l'affaire Watergate. La rentrée en soi-même, la méditation, les études sur la conscience sont maintenant pratiquées sur une large échelle et pénètrent même laboratoires et prisons d'Amérique, entraînant à leur suite de nombreux chercheurs européens.

Rien d'étonnant à ce que l'inquiétude devant une survivance dramatiquement menacée par les excès croissants de la cupidité humaine et son insensibilité aux écosystèmes, se soit transformée en une méditation sérieuse sur la précarité de la vie et le rôle de l'homme dans l'univers. La bombe et ses séquelles ont fait exploser les mythes de l'homme moderne — son droit au stockage et au forage illimité, la valeur d'un progrès continu, la solidité de la science, le nationalisme comme source de grandeur, la maîtrise universelle de l'homme — sa supériorité, en somme.

Même les courses à la conquête de l'espace n'ont pas réussi à leurrer l'homme. Ces excursions ressemblent de plus en plus à ce que les alcooliques appellent une *"cure géographique"* — "si je pouvais seulement aller vivre à Vancouver ou à Hawaï, là je pourrais enfin me débarrasser de mon problème."

Désormais, la vraie libération ne peut être qu'intérieure, parce que c'est là que se rencontrent les limites de l'homme à la racine de tous ses comportements de surface. Il fallait sans doute passer (*felix culpa*) par ces excès industriels, technologiques et militaires, pour retrouver les fondements de l'harmonie personnelle et sociale. Pour être forcé de revenir à l'essentiel. Car l'intériorisation, la reprise de soi, le travail sur soi-même, ne sont plus de simples loisirs de dilettante, ils sont désormais des nécessités radicales. C'est toute la terre qui est prise dans un même réseau de conflits. Or, c'est en l'homme que se trouvent tout d'abord ces conflits et les situations extérieures — on l'a bien compris — en sont le reflet exact.

Une des étapes les plus importantes de cette intériorisation est la démythisation de la mort. Nous qui persistons à grimer nos morts pour qu'ils aient toujours l'air d'être des vivants (nous n'acceptons pas de regarder la mort en face, c'est le cas de le dire), nous nous apercevons que cette mascarade n'est plus nécessaire, nos craintes de la mort étaient inutiles. Nous n'avions rien compris. (Peut-être n'est-ce là que le symbole de tout ce jeu illusoire que nous appelons si fièrement notre culture, ce système de croyances, cette **maya** dont il ne faut jamais *"vendre la mèche"*, sans quoi tout s'écroulerait de cette belle façade de **pièce montée**.)

Nous avons découvert, ce que quantité d'individus connaissaient sans oser l'avouer publiquement et ce qu'avaient identifié et cartographié les traditions les plus anciennes et les plus sûres, que la mort n'est pas souffrante, qu'elle est belle, qu'elle est une immense joie, une libération, une re-naissance, une rentrée, le congé essentiel. Les Tibétains dans leur **Livre des Morts** nous avaient déjà appris que les phantasmes ou apparitions que rencontre le mourant dans l'au-delà — sous forme de démons ou de dieux — ne sont en réalité que des projections du mental, dont les désirs, craintes et regrets n'ont pas encore achevé leur cours. On s'est aperçu que ceux qui *"voient"* le monde démoniaque ou en sont *"attaqués"* sont tout d'abord et seulement des gens qui **croient à ces choses** comme à des réalités objectives. Notre peur de l'enfer, des démons, du jugement a changé de sens: c'est de nous, comme le fil sortant de l'araignée, que sortent tous ces concepts. Non pas qu'ils soient irréels (l'enfer, c'est la souffrance bien réelle de celui qui dans l'au-delà endure en détail, à partir du point de vue de ses victimes, tout le mal qu'il leur a fait), mais leur réalité est liée à notre degré de conscience qui **est** en fait l'univers qu'il projette.

On s'est aperçu que ce n'est pas la mort qui est souffrante, mais la naissance. Que la mort n'est pas le pôle qui s'oppose à la vie, mais à la naissance — le tout étant *LA VIE* avec ses entrées et sorties sur la scène du visible. Le grand avantage qui résulte de la nouvelle conscience de la mort, c'est qu'elle a perdu son aspect tragique, qu'elle reprend sa vraie place.

On ne peut plus s'identifier au corps, après ce que nous a appris la *"sortie du corps"* (OBE) où la conscience est non seulement détachée de celui-ci (quoiqu'il y ait un lien — le fil d'argent — entre le corps astral, qui habille la conscience, et le corps étendu sur le lit), mais où cette conscience est incomparablement plus claire, plus libre, plus universelle et plus heureuse. Il apparaît alors évident à l'expérimentateur que c'est vraiment cela que l'on **est** — plutôt que ce corps que l'on peut *"discarter"*, sans perdre la conscience totale. On découvre que l'on n'est pas son corps, comme d'ailleurs nous le rappelaient les plus anciennes sagesses. En fait, la libération pour la tradition la plus ancienne, la védantique, éminemment représentée par Ramana Maharshi, consiste à se libérer de toute identification au corps. Le libéré-vivant (**jivan-mukta**) c'est celui qui **réalise**, qui traduit dans tout son être, cette évidence: "je ne suis pas mon corps".

Pour un tel être, la mort n'a plus de surprises, pas plus qu'elle n'a d'importance: le *"départ"* est déjà intégré, le détachement déjà assumé. Rien de nouveau ne peut lui faire perdre son équilibre. Cet être est au-delà de la mort, de la mort de son ego. Il est ressuscité. D'une résurrection qui consiste à naître au niveau spirituel (la Seconde Naissance, le deux-fois né, le **dvija** du Véda), à devenir conscient de sa dimension éternelle, à en vivre comme de l'unique nourriture. La résurrection est une réalité spirituelle — **la** réalité spirituelle, sinon la Réalité tout court. Elle est signifiée par les symboles suivants: le nouvel homme (par rapport au vieil homme), le Christ en nous, l'*"esprit"* de saint Paul par rapport à la *"chair"*, le Vide ou le Néant de Jean de la Croix et d'Eckhart, le **tao** de la tradition chinoise, le **nirvana** (l'extinction du feu) du bouddhisme, le **jivan-mukta** et l'**atman** de l'hindouisme, le **fana-baqa** du soufisme, le **tiferet** de la kabbale. On y entre par la purification, l'ascèse, le baptême, la **metanoia** (qui veut dire l'acte de transcender la pensée, plutôt que de renvoyer tout d'abord à un changement moral).

Pour quelqu'un qui est ressuscité ici-bas — qui selon l'expression évangélique **à la vie éternelle** (réalité transcendant espace et temps, donc dans l'ici-maintenant), c'est-à-dire quelqu'un qui est en vie éternellement, il n'y a plus de crainte de la mort ni d'intérêt à reprendre un corps tel qu'il est connu ici-bas. Aussi, la tradition chrétienne ne voit-elle pas la *"résurrection du corps"* comme la reprise du même corps, mais plutôt comme l'assomption d'un corps **spirituel** (ou *"de gloire"*), qui n'est plus soumis aux limitations habituelles, puisqu'il peut à volonté traverser la matière et disparaître, mais plutôt doué de propriétés que l'on ne reconnaît pas aux corps physiques grossiers. Sans doute que le corps de la Transfiguration et celui du Ressuscité s'apparentent moins au corps physique qu'au corps astral, avec tous ses dons de légèreté, de transparence, de fluidité, d'incandescence, de liberté absolue et de joie parfaite.

Ainsi, la Voie peut être dite le cheminement de la Vie à l'intérieur de la mort, puisque la vie courante est une espèce de mort lente, multiple et continuelle dans sa variété. Cheminer sur la Voie, c'est apprendre à mourir, non pas tout d'abord physiquement, mais dans son coeur, dans ses attaches, dans son ego. Le **je** doit mourir, sans qu'on ait pour autant à le tuer, mais *"de sa belle mort"*, en cultivant l'attention, l'éveil, la conscience de plus en plus envahissante et centrale.

Et en faisant cela, en vivant cette seconde qui passe, en l'acceptant pleinement, comme si c'était la dernière, on se préparera aussi, bien sûr, au dernier instant sur terre, qui est, selon le bouddhisme et d'autres traditions, le moment clé de la vie. Car l'habitude de vivre dans cet éveil constant ne se perd plus au-delà d'un certain seuil. En effet, selon le dicton populaire: *"On meurt comme on a vécu"*. Mais, contrairement à ce qui est cru, cela veut dire non pas que le moment de la mort fait **la moyenne** de la vie, mais qu'en mourant, **l'esprit va là où l'habitude est la plus forte**, où la pente est la plus naturelle.

aimer

Aimer, c'est servir sans s'imposer. Servir sans vouloir convertir. Servir sans attendre de retour. Les trois sont identiques.

C'est tout accueillir avec la même force, la même faveur — ne pas **tenir** à ses préférences. C'est être devant la personne qui souffre, lui demeurer présent sans aucune sentimentalité, sans se lamenter avec elle sur son sort, sans alimenter le drame. Aimer, c'est porter la terre en son sein comme un enfant. C'est n'avoir plus peur.

Être là, avec le détachement attentif de celui qui est en train de mourir. Le monde est toujours neuf quand on le laisse exister tel qu'il est, sans l'enduire de nos concepts, craintes et attentes.

Celui qui commence à aimer ainsi, baigne dans un torrent silencieux.

Celui qui aime en plénitude est devenu ce torrent.

croyance et foi

La Foi pure et complète est l'aboutissement d'un cheminement qui commence avec la première expérience sensorielle. C'est **l'expérience** qui est aux deux bouts de la vie — au début, une expérience naïve, irréfléchie mais directe et personnelle, suivie d'une seconde étape, où la connaissance se fait plus réfléchie, plus indirecte, plus hypothétique, pour retourner enfin à une expérience qui est certitude, force et compassion.

C'est le passage de la croyance à la Foi pure, du monde de l'ego à celui du Soi, de la souffrance et de la peur à la confiance totale dans la joie et l'équilibre. Chacun commence son aventure terrestre en faisant pleinement confiance à ses sens. C'est une foi naïve, où l'enfant est amené à croire tout ce que les parents lui enseignent et lui présentent comme réalité. Il croit totalement tout ce qui lui est présenté — c'est la condition de son intégration dans la famille, dans la culture, dans le milieu, dans ce qui s'appelle en somme **le monde**. Le système de croyance, à partir de **la confiance totale aux sens** jusqu'à la soumission à tous les principes, comportements et idéologies, fait petit à petit de l'enfant un être totalement identifié à **une vision du monde**. Il est désormais en aquarium. Il ne peut même plus voir qu'il y est pris — on lui fait croire de partout que la réalité, c'est ce qu'il perçoit et qu'il n'y a pas de faille par où s'en échapper.

(Bien sûr, l'enfant, s'il n'est pas empêché par les parents ou l'école, s'entourera d'un monde de mystère et de possibilités où les lois sont créées sur mesure. Si l'enfant pouvait conserver et nourrir ce monde parallèle qu'il se crée, il entrerait tout naturellement dans la Foi pure. Mais très bientôt hélas, on le ramènera dans un univers de *"faits"*, de *"réalisme"*, d'*"esprit critique"*, dans le royaume projeté par le cerveau de gauche. La Foi s'annonce dès lors difficile. Mais peut-être aussi que ce cheminement est inévitable, sinon nécessaire.)

Cette première étape est déjà sous la poussée du désir et de l'attirance: le poisson mord à l'appas. On est capté par les attractions physiques et émotives, on cherche un bonheur tel que les autorités du système nous enseignent à le chercher — comme on le voit par le truchement de la télé. Mais dès l'âge où la logique et le raisonnement commencent à se faire plus insistants et personnels, on se met à découvrir les failles du système, on s'élève contre les tabous, on méprise les responsables qui nous ont leurrés. **Cette seconde phase ne diffère de la première que par le fait qu'on se cabre au lieu de se courber.** La personnalité s'affirme. On cherche intellectuellement, on demande des preuves, on s'attache aux *"faits"*, on s'appuie sur un monde extérieur et *"objectif"*, croyant que la vraie connaissance consiste à se garnir le cerveau d'informations et de formules plutôt qu'à devenir conscient du connaisseur lui-même et à le transformer de l'intérieur. À mesure que l'âge avance, on devient plus critique et circonspect, on cesse de croire à la valeur des systèmes reçus, à la véracité des idéologies. **Mais c'est toujours à *SES* sens que l'on croit, à *SES* idées (qui critiqueront les idées reçues), à *SON* système de croyances, qui est pour chacun Le Monde Tel Qu'Il Est.**

Certes, le temps des certitudes absolues est pour ce jeune adulte chose du passé. Le doute se lève et pénètre tout. On devient incapable de s'enflammer. On est déçu, menacé. On a peur. Peur de ne pouvoir trouver un sens à sa vie, peur d'être emporté avec tout ce qui passe, peur de ne pas pouvoir laisser sa marque, de n'être jamais quelqu'un de solide et vrai. Peur surtout de mourir — qui est, malgré ce que disait Freud, la vraie source de tout conflit. La peur vient, nous dit la sagesse védique, de ce qu'on ne saisit pas l'harmonie de l'ensemble, l'unité au-delà du divers. On ne perçoit que la cacophonie, des bribes éparses, un *"bruit"* d'informations contradictoires. On s'agrippe à des valeurs extérieures, pour ne pas entendre la clameur (ou le silence) du dedans. On cherche à posséder, mais on a peur, on cherche à s'accrocher, mais tout change et passe. Tout nous trahit, tout est frustration (nous dit depuis plus de deux mille ans le Bouddha). On commence à être touché par une nostalgie inguérissable, une soif d'en finir, un goût d'être ailleurs ou simplement de n'être pas.

La plupart des *"croyants"* en sont à un niveau non de foi mais de croyance: ils croient sur le témoignage d'autrui (ils n'ont pas expérimenté les données du message), ils s'appuient sur des textes, sur des paroles d'esprits remarquables. Ce n'est pas quelque chose qui sourd de l'intérieur ou qui touche la racine de leur être. Il n'y a pas encore **metanoia** — le passage (meta) au-delà du mental (noia). (C'est cette forme d'adhésion marginale que Marcel Légaut appelle *"les croyances"* et qu'il associe à la *"religion d'autorité"* — un système clos et arrêté — alors que la foi appartient à la *"religion d'appel"* — une vision ouverte et mouvante.)

La croyance religieuse — croire à une religion pour des raisons extrinsèques: sécurité, crainte, remords, convention sociale ou besoin de prestige — peut être une amorce, une annonce, une semence de l'expérience personnelle de la Foi, mais c'est habituellement trop timide, trop emprunté et sans conviction réelle pour supporter les chocs profonds et transcender les codes reçus. Ce n'est pas le lieu de la liberté. Il faudra une épreuve de taille pour tremper cette foi séminale et pour lui faire perdre ses appuis extérieurs. Elle s'intériorise à mesure que l'ego commence à se sentir menacé — lorsqu'on ne peut plus maintenir son masque.

Ainsi, les pertes, les deuils, les faillites, les départs, les infidélités, les inimitiés, les faiblesses personnelles, les remords — **tout nous rappelle que le monde des croyances dans lequel on vivait et sur lequel on misait est simplement le monde de la maya** — le monde d'une fausse perception, d'un mauvais jugement sur la nature réelle des choses. Tout se révèle imperma- nent, tout est souffrance enfin, il n'y a que des processus d'évé- nements qui d'ailleurs se fichent totalement de nous, qui se montrent indifférents et sans visage. Une série sans fin de billes qui roulent sans lien ni direction. Plus rien ne se tient, la toile de fond est crevée. C'est l'heure de passer à un autre plan. D'un décor à un monde vrai.

Ainsi devient-on prêt à entrer dans la Foi Pure. Il faut vraiment avoir tout perdu ou être prêt à tout perdre pour y pénétrer. Cette Foi n'est plus une croyance en quoi que ce soit d'extérieur à nous, même pas une croyance en une récompense éternelle. Tout cela fait également partie du monde de la **croyance**. Tout cela est du **mental**. Il s'agit plutôt de l'intériorité totale, d'une rentrée au centre de soi-même, ou encore de la sortie hors de son enclos dans l'Espace universel.

Ce n'est que lorsque le monde du mental a été exploré à fond et percé jusqu'au coeur que l'individu peut entrer dans la Foi pure et complète. Rien n'est perdu. Tout est simplement dépassé en ayant été assumé, accueilli, guéri. La Foi transcende toutes croyances. Elle est à la fois **connaissance et amour**. Le poisson qui cherchait à prendre est enfin pris.

Cette connaissance dépasse l'intellect, la pensée, le monde fermé des systèmes idéologiques. Elle est la connaissance intellectuelle transcendée. Il ne reste rien du mental. On ne s'appuie plus sur la pensée, l'émotion, l'image, les idées, si nobles soient-elles. (Elles demeurent présentes, bien sûr, le monde ne *"disparaît"* pas, mais elles deviennent des transparences plutôt que des écrans.) C'est l'entrée au désert, dans la nuit des sens, dans la nuit de l'inconnaissance, c'est-à-dire où tout ce qui peut connaître intellectuellement en nous est perdu, confondu, paralysé. C'est la lucidité derrière l'illusion — le soleil au fond de la nuit. C'est un état de conscience-sans-objet. On est connu plutôt qu'on ne connaît (le poisson est devenu nourriture plutôt que le nourri). On est devenu totalement réceptif, pleinement accepté.

Et cependant, c'est une connaissance qui est plus réelle que toutes celles que nous avions jusque-là expérimentées — une connaissance d'une certitude telle que même cette obscurité mentale, cette incapacité d'analyser intellectuellement ne lui enlève rien, ne l'ébranle en aucune façon. C'est une connaissance qui est vive, alerte et universelle, située au coeur des choses, au centre de l'univers où veillent les lois secrètes, les structures cachées, les desseins qui durent — le Logos, l'Atman. Le Soi. C'est une vision de source. L'ouverture de l'oeil intérieur — qui est le sens du mot **intuition**.

Cette Foi est aussi un amour, un amour qui dépasse et accomplit toute autre forme d'aimer. Il n'y a plus de peur, parce que l'on est convaincu qu'on est pleinement porté, compris, transparent au regard de la Compassion Universelle, inconditionnellement accueilli par elle, qui est seule·à agir désormais. Nous n'avons plus rien à porter, le bagage est déposé sur la banquette.

Pas de peur, plus besoin de preuves extérieures. Et cependant, une certaine souffrance demeure encore. On souffre d'être séparé, **d'être** tout simplement. On voudrait être engouffré, perdu dans cette mer de bonté et de lumière. (Il reste un tout petit morceau d'iceberg.) On voudrait que tous les êtres y soient compris, s'y abandonnent et s'y reconnaissent. On souffre de les savoir en état de souffrance, de savoir qu'ils se voient comme séparés. On leur est uni, on partage leur état, mais sans aucun sentimentalisme. Car c'est une souffrance qui n'entame jamais la paix qui veille à la base, comme le chant d'un bourdon, comme un point d'orgue, un **OMMM**, un **RAMM** continuels. Cet amour dépasse toute émotivité, tout égoïsme. Il transcende ce qu'il y a d'impermanent dans nos attaches. Il transcende tout ce qui passe. Il transcende tout.

Telle est la Foi pure, qui est le congé total de l'être. Fusion d'amour et de connaissance qui permet à chacun de **tout aimer**, de donner sa vie sans regret, d'aimer sans attendre un retour, de servir incognito, de se voir en tout homme, en toute créature, d'être toujours chez soi partout sur terre (ou dans l'espace).

Cette Foi est une certitude fondée dans une **expérience** personnelle, qui ne s'appuie sur rien d'extérieur: écritures, dogmes, autorités. Elle est sa propre confirmation, elle est évidence, transparence, parfaite autonomie. Mais elle ne s'obtient pas par l'effort seul. Elle est un don, un don qui est simultané à la réceptivité, un don qui appelle et pressent la réceptivité (qui est elle-même don). C'est l'oeil qui veille toujours en nous, en attendant qu'on s'éveille. ''Je me tiens à la porte et je frappe.'' ''Je dors mais mon coeur veille.''

Les **croyances** (du niveau de l'ego) tâchent d'imiter cette Foi (qui est du Soi), essayant d'obtenir de l'extérieur son assurance, sa force, sa liberté, mais elle ne vient que d'elle-même (la porte ne s'ouvre que du dedans), et ce qui l'invite c'est qu'on n'attende plus rien ni de soi-même, ni du monde connu, ni du système de croyances dans lequel on a vécu et auquel on s'agrippe. Ce qui l'attire, c'est l'abandon total, **c'est elle qui s'attire en nous**. C'est le Soi qui s'appelle et se répond. Il est la question autant que la réponse. C'est un don fait à chacun, le don de rester ouvert et accueillant à ce qui est; de ne pas s'attacher aux résultats de son action et cependant de se livrer pleinement à corps perdu à son aventure.

Cette Foi est le sommet de la vie spirituelle. "La mystique, dit William Johnston dans **The Inner Eye of Love**, c'est le voyage de la foi — une foi profonde, nue, dynamique, d'une grandeur effrayante." Cette foi, c'est la respiration, l'air, le milieu vital du spirituel, son univers même. Tout est possible pour cette Foi, puisque rien n'est attendu de l'ego, mais du Soi seulement. L'ego est mort, il n'y a plus d'obstacle, il n'y a plus de mal qui s'oppose, il n'y a plus de souffrance si ce n'est celle de la compassion pour les autres. Il n'est rien qu'un tel être ne puisse réaliser. Tout lui est devenu possible. Sa puissance est celle d'un torrent de printemps. Mais c'est un torrent de silence. La puissance d'une *"folie contrôlée"*, comme le rapportait Carlos Castaneda de son maître yaqui.

L'évolution de l'homme consiste à passer de la croyance à la Foi. Le salut et la survivance de l'humanité consistent à entrer dans une aire de Foi. (Ce n'est plus une simple option mais une nécessité pour l'ensemble comme pour chacun.) C'est là que l'on devient libre, que l'on est délivré de la peur de ne pas être heureux. C'est le retour à la maison, où nous voulions toujours aller (nous y étions déjà croyant que c'était *"ailleurs"*) et où nous étions toujours attendus.

action et non-action

S'asseoir, simplement s'asseoir
Et l'herbe croît d'elle-même et devient verte

(Parole Zen)

S'asseoir: au double sens de prendre la position du lotus et de ne pas intervenir, de laisser faire. Ne pas s'opposer au courant, mais couler avec lui. Ne pas croire que c'est nous qui agissons, mais que Cela Agit et nous sommes emportés, *"agis"* par le courant auquel nous nous abandonnons. Tel est ce que les Taoïstes appelaient **WU-WEI** — la non-action, que l'on retrouve aussi dans le bouddhisme en général et le Zen en particulier. **Wu-wei** ce n'est pas rien faire de ses deux bras, ce n'est pas la fainéantise, la paresse, mais c'est ne rien faire avec son mental, ne pas intervenir avec l'imagination, la peur, l'expectative, le regret, avec tous ces voiles qui empêchent de vivre le moment et de s'abandonner. **Wu-wei**, c'est n'offrir aucun obstacle quant au désir, c'est-à-dire ne pas faire en sorte que *"ce que j'aime"* ou *"ce que je n'aime pas"* m'empêche d'accepter pleinement *"ce qui se présente"* et qui **est** indépendamment de mes goûts pour ce qui n'est pas. C'est ne pas pencher ni d'un côté ni de l'autre: le **samadhi** (égalité d'âme, équilibre intérieur, stabilité). Être juste. Être juste envers tous les aspects de l'existence: leur donner leur juste place.

Le samadhi, c'est la même chose que le **mu-shin** (*"no-mind"*, absence de mental) ou le **mu-ga** (*"non-self"*, absence d'ego) de la tradition Zen. Un idéal que l'on cherchera à atteindre dans la cérémonie du thé, dans l'art floral, la calligraphie et les arts martiaux tels que le judo, le karate, le tir à l'arc, aussi bien que dans les sessions (*sittings"*) de méditation proprement dite. (Idéal toutefois qui ne **s'obtient** pas réellement, puisque c'est la naissance en nous de la spontanéité pure.) L'esprit se vide de tout raisonnement, de toute pensée, de toute conscience du sujet et de l'objet, de façon à ce que la force vitale située au centre du corps (le **hara**, dans le bas-ventre) puisse surgir et s'emparer de tout l'être.

Selon la tradition védique, le samadhi a deux temps ou deux visages. Le samadhi **savikalpa** et le samadhi **nirvikalpa**.

Dans le premier, la personne entre dans une sorte de rapt: les sens sont suspendus, le contact avec l'extérieur est discontinué, l'absorption est complète. L'action est alors impossible. C'est un état considéré comme imparfait, incomplet, parce qu'il suppose que le sujet n'est pas encore assez libre ni assez fort pour supporter la pleine lumière: le nuage d'inconnaissance ou d'inconscience voile encore la connaissance de la pleine lumière. Cette forme de samadhi fut connue pendant longtemps par Ramakrishna.

Le second samadhi, le **nirvikalpa**, est la réalisation complète et continuelle du Soi. L'expérience de la lumière est continuelle et se maintient en pleine activité. C'est le retour complet à la vie *"ordinaire"*, c'est pouvoir fonctionner dans la pleine liberté sans ego. Il n'y a plus de rapt, plus d'absorption, plus de *"pertes de connaissance"*, mais une présence totale et parfaite à ce qui se passe, et une compassion infinie. C'est le cas de Ramana Maharshi, comme de Sai Baba, Bubba Free John, Ananda Moyi Ma...

Ainsi voit-on que dans la tradition védique aussi bien que dans la mystique bouddhiste, judaïque, chrétienne et soufie, le but ultime c'est la perte totale de l'ego, au-delà de toute expérience de rapts, de transports affectifs, d'extase (*"sortie du corps"*) qui sont dues aux limites de l'ego/corps/mental. Ce n'est qu'une fois l'étape ultime réalisée que la personne atteint vraiment à la liberté, qu'elle peut enfin être pleinement agie sans intervention de sa part, qu'elle peut, en langage traditionnel, faire pleinement et uniquement la volonté divine. Mais après que cet état est atteint — l'état de **non-action** *(wu-wei)* complète, **toute action est équivalente** puisqu'il n'y a plus d'ego qui agit, mais seulement le Soi. "Ce n'est plus moi qui vis (ou agis) c'est le Christ en moi". La personne à ce moment n'est mue que par ce qui est positif et sans égoïsme. Le don l'emporte sur la prise.

Ce qui se produit ensuite, après que l'essentiel est atteint et stabilisé, est proprement indifférent. Cela dépend du tempérament et du **dharma** (*"la bonne chose à faire"* pour que chacun entre dans l'Ordre, dans l'harmonie de l'ensemble). Que l'on soit impliqué dans les oeuvres sociales ou que l'on se retire en forêt, cela est affaire de goût, de disposition intérieure et du besoin du moment, de l'époque, ou des gens qui réclament secours. Selon que l'on est de tempérament plutôt affectif, on pratiquera le **bhakti** yoga. Si l'on est un actif, on fera le **karma** yoga (l'action sans égard aux fruits, le service désintéressé). Si en revanche on est intéressé à l'éveil de la connaissance et de la conscience, on choisira (ou plutôt, on sera mené vers) le **jnana** yoga.

Il n'est pas **meilleur** de faire des miracles, des guérisons, des conversions massives, que de rester en silence, inconnu, dans une prière continuelle, dans une union parfaite avec l'univers. **Le meilleur, c'est perdre l'ego** — tout est *"moins bon"* que cela. Le meilleur, c'est entrer en non-action quant à son mental, s'abandonner *"à la providence"*. "Ne vous préoccupez pas du lendemain, à chaque jour suffit sa peine." Car, "une seule chose est nécessaire". "Si Dieu ne bâtit la maison, c'est en vain que peinent les constructeurs." Si c'est en effet la Compassion sans limites qui nous *"sauve"* de notre ego, qui nous accepte sans conditions, il s'agit de se tenir tranquille et de **recevoir**, de laisser faire le divin en nous et dans l'univers. Il s'agit de ne pas offrir d'obstacle (de satan) à l'imagination infinie de la Compassion.

Il n'est donc pas meilleur de soigner les malades et les mourants comme le fait Mère Thérèse de Calcutta, qu'il ne l'est d'être comme Thérèse de Lisieux, ou encore comme Ramana Maharshi, qui ne faisait rien d'autre que garder le silence, rayonner la paix à travers le monde, éclairer par son attitude, sa présence et quelques paroles. Son emploi, son action consistait à être dans le Soi, à rayonner le Soi, à être tout amour, toute transparence. À Être. Il ne s'agit sûrement pas du *"meilleur en soi"*. Car la *"meilleure"* action s'applique toujours à un particulier et pour Ramana, le meilleur, c'est ce qu'il avait à faire, étant donné son éducation, sa capacité physique, son tempérament, sa langue, son intelligence, etc. N'est meilleur que ce que l'on voit à accomplir présentement, ce que l'inspiration, la situation, la convenance, l'utilité nous poussent à entreprendre. Car **si nous avons tel tempérament ou telles aptitudes, c'est justement pour que nous nous adonnions à tel type d'activité** plutôt qu'à tel autre. L'amour (le don de soi sans retour sur soi) seul compte, et cet amour peut se pratiquer par le silence autant que par l'action extérieure. Ce qui frappe davantage et atteint plus de personnes extérieurement n'est pas nécessairement ce qui les transforme en profondeur.

Ce que veut dire *"choisir la meilleure part"*, ce n'est pas qu'agir socialement soit moins bon que garder le silence et vivre caché, puisque Jésus qui emploie l'expression à propos de Marie, sœur de Marthe, était lui-même un *"actif"*. Non, la parole indique plutôt que ce qui doit primer en tout et partout, c'est être attentif, aux écoutes, sans s'attacher à ce que l'on fait — ce que Jésus appelait "faire la volonté du Père". **Être abandonné.** Abandonner son ego. Car, si Marie (la supposée *"contemplative"*) **s'attache** à la contemplation, cela ne vaut guère mieux que le fait de s'attacher à l'action ou à quoi que ce soit. Que le fil d'attache soit d'or ou de soie, disait Jean de la Croix, cela demeure une attache. Ce qu'il faut, c'est la capacité de couler avec le courant, d'être libre vis-à-vis de ce qui se présente, comme une musique qui n'est pas empêchée par la cloison de la mesure, un ascenseur par les étages traversés, ou comme l'air et l'eau qui traversent un filet. C'est d'être **présent** qu'il s'agit, n'être qu'au présent. Vouloir cela uniquement, mais sans tension. Aimer cela de tout son cœur et cependant sans s'y accrocher.

C'est le niveau de conscience de l'agent qui importe, plutôt que son activité qui n'est qu'un véhicule, une expression, un vêtement. Plus une conscience est élargie et pleine de compassion, plus chacune des actions est aussi pleine et universelle, atteignant l'humanité au niveau profond correspondant. Car le niveau de conscience du geste posé (action) appelle, touche le même niveau (réaction) comme un diapason dans le phénomène de résonance. Toute pensée, toute action produit des vibrations qui se répandent à travers le monde. Plus la pensée est forte et pure, plus aussi elle fortifie et purifie le monde, neutralisant les vibrations contraires. Ce degré d'intensité dépend du foyer d'irradiation, du coeur, de la conscience remplie de foi et d'amour, plutôt que du genre d'occupation qu'on choisira (ou ne choisira pas).

Ainsi, on a longtemps privilégié la contemplation par rapport à l'action. La distinction remonte aux Pères de l'Église — Clément d'Alexandrie, Origène, Augustin — qui associaient la contemplation à la vie monastique. C'était l'opposition classique de Marthe et de Marie. De là il n'y avait qu'un pas à la distinction entre la vie de perfection et la vie ordinaire — la perfection étant réservée aux moines. C'est la distinction que fait au 14e siècle le **Nuage d'Inconnaissance**, qui distingue entre ceux appelés à la perfection (les contemplatifs) et ceux appelés au salut (les actifs). Heureusement que Thomas d'Aquin avait déjà rétabli un certain équilibre — par ce qu'il appelle **la vie mixte,** où la vie active se modèle sur celle de Jésus, pour qui la contemplation ne l'emportait aucunement sur l'action. *"Aliis tradere contemplata"*, la devise dominicaine de Thomas, signalait justement que la contemplation menait naturellement vers une diffusion de ce qui avait été contemplé. L'action devenait le fruit de la contemplation et les deux étaient complémentaires.

Ce n'est donc pas entre vie contemplative et vie active qu'il s'agit de maintenir une distinction, mais plutôt entre vie libérée de l'ego et vie grevée de l'ego, entre l'action (domaine de l'ego) et la non-action (domaine du Soi). La vraie distinction est au niveau de la gradation, du progrès allant d'une étape d'égoïsme intense à une autre plus allégée, plus transparente, et ainsi jusqu'à la libération complète. La dichotomie contemplation/action apparaît fausse dès que l'on comprend qu'il s'agit d'être abandonné à ce qui est, d'avoir abandonné l'ego qui est **action**. Et cela n'est pas plus facile pour le contemplatif que pour l'actif. Ce qui compte, c'est dépasser les trois **gounas**, les principes qui dans l'homme comme dans la nature perpétuent les cycles de morts, de naissances, de passions, d'attachements, etc. (**Sattva** — pureté, conscience; **rajas** — passion, désir d'agir; **tamas** — inertie, négativité.)

Il s'agit d'arrêter la roue, d'éteindre la flamme. Le **nirvana** c'est précisément l'état où la flamme des passions a cessé de brûler. L'ego y est éteint, mort. Ce que l'on voudra faire ensuite importe peu. L'essentiel est fait. L'essentiel, c'est d'arriver à un état où le *"je"* ne fait plus rien, ne s'identifie à rien de ce qu'il fait, ne s'attache à aucune action, ne cherche pas à *"cueillir les fruits"* de ses actes (le fruit défendu, c'est cela), ne se réclame pas l'acteur mais où l'on sait que c'est le divin qui fait tout en soi-même et qu'on est devenu proprement son instrument.

"Un saint est celui qui marche quand il marche, qui parle quand il parle, qui ne rêve pas quand il écoute, qui ne pense pas quand il agit." (Parole Zen) La personne pleinement libérée (ce qui est une chose assez rare, mais qui existe tout de même) agit comme toute autre, elle ne se distingue en rien extérieurement, elle est devenue — personne (**nobody**). Sa conduite est toujours ajustée au présent, à la situation, aux besoins. C'est la conduite d'une personne juste, pleine de justesse. Cette personne se mêle à tous et se sent à l'aise partout.

"Avant l'illumination, dit un texte Zen, on fend du bois et on charrie l'eau; après l'illumination, on fend du bois et on charrie l'eau." Cependant, tout est changé, mais pas dans le monde du perceptible. On est rentré dans la vie de tous les jours avec une conscience aiguë de tout ce qui est existe, de chaque moment, de la Présence compatissante au sein de toute chose, au-delà de ce qui bouge et passe, mais en même temps totalement dans tout l'univers en mouvement. On est libéré.

institutions

Quand l'Énergie apparaît sous forme visible — c'est l'Involution —, l'unité explose en diversité. L'unité de l'Instant Éternel "précède" toujours, elle demeure à l'origine, au fond, au coeur de toute manifestation multiple. Elle est au niveau de la semence, comprenant en elle-même la diversité des branches et des feuilles. C'est cette unité primordiale qui appelle la diversité, comme le déroulement naturel de toute croissance. L'unité est donc "antérieure", à l'origine. Elle est spirituelle.

En s'incarnant, le Soi, qui est au-delà du corps/mental, se manifeste dans le nombre et la différence. En revanche, chaque être séparé est habité, poussé par le désir d'un rassemblement avec les autres. Le rêve de l'unité universelle est au coeur de chacun, puisqu'il est à l'origine de toute diversité. Mais si l'unité tend vers la diversité et l'englobe, par ailleurs la diversité ne peut d'elle-même retrouver l'unité. C'est pour elle un **au-delà**.

L'ego ne peut de lui-même atteindre à l'unité: il n'est qu'un collage, il n'a pas de centre. Il peut s'efforcer de créer de l'unité par l'organisation, le contrôle et le nivellement, mais cela demeure fabriqué, extérieur, comme un appendice. Ce que l'ego produit, ce n'est pas l'unité, mais l'**uniformité**. Pour créer de l'unité, il devra disparaître.

L'ego n'est qu'un foyer de diversité sans unité. Il est la diversité isolée de l'unité. Il est spontanément dispersé, dissipé, distrait. Mais s'il s'ouvre au Soi, s'il laisse agir le Soi, la diversité cesse d'être obstacle et agent de dispersion, pour devenir enrichissement. Comme le tout (le Soi) est plus grand que la somme des parties (l'ego), jamais les parties d'elles-mêmes ne peuvent connaître ou retrouver l'unité du Tout.

La diversité fait partie de la vie, elle est en quelque sorte la vie, si bien que vouloir éliminer ou diminuer la diversité, c'est appauvrir la vie au point de la détruire. Mais il ne sera jamais possible de "niveler" l'humanité. Les hommes ne peuvent être égaux, si l'on entend par là une égalité de dons, de charismes, de capacités physiques et intellectuelles. Chaque individu est unique, comme chaque être dans l'univers. Car chacun a un rôle particulier à jouer dans l'unité de l'ensemble. Dans un corps, il n'y a pas égalité quant aux fonctions des organes — certains sont plus importants que d'autres —, mais c'est la diversité de ces organes qui permet l'unité et l'unicité de l'ensemble.

La vraie unité est toujours liée à la diversité. Elle provoque la diversité au lieu de la craindre. Elle invite à la multiplicité des expressions, des modes et des voies. Sa sécurité n'est pas dans les cadres extérieurs, mais dans le coeur, dans l'expérience intérieure. Elle ne peut se perdre. Elle ne peut que s'accroître au sein de la diversité. Telle est la loi de la vie.

En effet, la vie tend vers une **diversification croissante**, alors que le non-vivant est régi par la loi d'entropie, qui est le principe de dégradation croissante de l'énergie. L'entropie, c'est en somme la tendance vers l'homogène, vers l'uniformité, vers le nivellement général. La standardisation.

Le vivant se confond avec le différencié, l'individualisé, l'inégal. "La vie est inégalité croissante" dit le physicien Stéphane Lupasco.

Plus le groupe est constitué en un corps de volume important, plus il agit comme une entité soumise à l'entropie. Il tend vers la mort, s'il ne se réserve pas des ouvertures sur l'extérieur — sur le différent —, par quoi le sang puisse se renouveler. Autrement, il tombera dans l'***INBREEDING*** — l'auto-génération. L'***inbreeding***, c'est l'inceste mental: la consommation du même par le même. Par ce processus, les lois extérieures l'emportent de plus en plus sur l'interprétation vivante. La corporation sacrifie à son efficacité les personnes qu'elle embauche. Car l'ego de groupe existe autant que l'ego individuel. L'ego collectif a peine à mourir à ce qui le dépasse et qui seul peut lui donner sa valeur: la personne humaine, le Soi en chacun.

L'évolution spirituelle ne se réalise d'abord que par des personnes, des individus, non par des foules. Ce ne sont pas les foules qui pratiquent la **metanoia**: elles tendent au contraire à s'accrocher à ce qui existe, à maintenir le familier; elles résistent aux changements de fond. Mais on n'accède à la pleine réalisation, à l'épanouissement complet qu'en tant qu'individu. C'est d'ailleurs les individus qui font faire progresser spirituellement l'humanité. Et la fraternité universelle ne sera atteinte que dans la mesure où **chaque individu** aura renoncé à son ego.

Un jour, le diable (on s'en souvient, c'est l'ego) se promenait sur la rue avec son secrétaire. À quelques pas devant eux, quelqu'un se penche pour ramasser un objet. Un Morceau de Vérité. ''Mais, dit le secrétaire, il faut absolument qu'on le lui enlève''. — ''Pas du tout, réplique le satan. C'est en ma faveur''. — ''Comment, pas du tout? reprend le secrétaire indigné. Tu es l'ennemi de toute vérité et tu trouves ça favorable?'' — ''Mais si, dit en souriant son maître: tu vois, je vais lui apprendre à l'**organiser**.''

L'appel à la diversité — le contraire de l'**inbreeding** — requiert une ouverture à tout ce qui est différent, un accueil de ce qui est autre. C'est l'inverse du besoin de convertir. Car, l'intolérance accompagne souvent le désir de convertir. En effet, si on veut convertir quelqu'un, c'est qu'on n'accepte pas qu'il soit différent. On veut le réduire à l'homogénéité. C'est aller à l'encontre de la vie. Car l'ego, qui voit la différence chez autrui comme une menace, est foncièrement contre la vie.

Pourquoi voudrait-on par exemple convertir les Amérindiens? Il est clair que nous, les Blancs, nous aurions plutôt à apprendre d'eux que de prétendre leur donner des leçons. Il est même possible que dans ce coin-ci de pays, les Amérindiens — par leur lien avec tout être, par leur familiarité avec le Grand Esprit Universel, par leur sens d'une pleine intégration à la terre et aux esprits habitant toute chose, par leur haute idée de la femme, par leur sens du sacré et du symbolisme naturel —, que les Amérindiens soient précisément ceux qui aideront les Blancs à retrouver le sens de toutes ces valeurs perdues (peut-être à cause d'un certain comportement religieux).

L'unité vivante et créatrice ne peut exister qu'au-delà de l'ego individuel ou collectif. Ce principe s'applique à toute personne, à tout groupement, à toute organisation. La fraternité universelle, autrement dit l'église universelle, est un seul rassemblement dans un même **esprit**, dans un même **coeur**. C'est au-delà du mental, au-delà des cultures, au-delà des idéologies. Cette unité universelle n'est la propriété exclusive d'aucun groupe, d'aucune tradition. Elle groupe tous les hommes qui cherchent la Conscience Universelle, de quelque façon et selon quel que soit le cheminement. C'est la **poursuite**, l'**ouverture**, la **croissance** qui seules comptent. Une poursuite sans compétition, sans attachement aux modèles intellectuels qui guident notre quête. Être en église, c'est être en voie, sans nécessairement savoir où l'on ira, puisque l'esprit intérieur *"souffle où il veut"*. Il s'agit de perdre ses limites, ses attaches, ses fixations — de rentrer dans le courant. L'église, c'est avant tout une réalité spirituelle, le "lieu" du spirituel, qu'on ne peut créer par l'organisation ou le calcul. La tendance à organiser est un trait d'ego; c'est une fonction nécessaire et utile au cours de la croissance. Mais c'est secondaire par rapport à l'expérience du Soi. La tendance à organiser doit se soumettre à l'expérience intérieure et doit exister en fonction de celle-ci.

Tous les hommes sont habités par le Soi, qui les "travaillent" de l'intérieur, chacun à sa façon et selon son rythme propre. La tolérance universelle est le premier trait de cette famille universelle qui **n'exclut** (ne condamne, n'excommunie) personne et **n'oblige** personne à suivre un parcours particulier (puisque le parcours, c'est la personne même). Dans cette perspective, la seule autorité ne peut venir que de l'intérieur. C'est celle du Soi. Mais elle n'est jamais opposée à l'ensemble. Elle n'existe qu'en fonction du bien de l'ensemble, qu'elle porte en elle-même comme une mère porte le bébé en son sein.

Cet esprit de paix et de communion — de bienveillance inconditionnelle — qui caractérise le Soi, n'est le privilège exclusif d'aucun groupe, d'aucun individu. Aussi longtemps qu'on n'envisage pas ainsi l'église universelle, on ne peut se surprendre qu'il n'y ait pas de paix dans le monde. Aussi longtemps que la religion (l'organisation extérieure) conserve de l'intolérance, elle se rend responsable des divisions entre peuples. C'est peut-être la conception entretenue par certains groupes religieux qui retarde et compromet la paix universelle. Les religions, elles aussi, doivent mourir à leur ego.

On comprendra pourquoi le Bouddha insistait tellement sur la nécessité pour chacun de se fier avant tout à sa propre expérience intérieure, d'éprouver tout soi-même, sans tout d'abord s'appuyer sur le jugement d'autrui — fût-il celui d'un Bouddha. On comprendra aussi que cette attitude puisse terrifier les institutions installées. Il est difficile de sortir de l'aquarium. Il est même difficile de s'apercevoir qu'on y est. Et cette difficulté est encore plus grande pour un groupe immense que pour un individu.

La Conscience Universelle n'a jamais dit son dernier mot. Il ne faut jamais croire qu'on puisse **arrêter** ou **fixer à jamais** le flot d'énergie qu'elle fait jaillir sans cesse devant nous. Elle échappe à toute catégorie, à toute définition, à toute pensée. Elle est au-delà du jugement. Elle survole tout, comme un oiseau traverse les frontières établies par les hommes de chaque pays — elle favorise tout ce qui tend à vivre davantage, elle invite tout ce qui veut plus d'énergie, plus de conscience, quels que soient les détours employés pour y parvenir. Elle baigne tout sans distinction, comme une mer de chaleur et de lumière. Elle enveloppe tout dans sa compassion et personne n'en peut sortir. Il n'y a pas de foule pour elle. Seulement des individus, des personnes. Il n'y a pas de perdus et de sauvés pour elle. Seulement des humains en Voie ou appelés à l'être.

avidya

On trouve dans un texte hindou, la **Srimad Bhagava-tem**, le récit suivant: "Deux oiseaux d'un beau rama-ge doré, qui se ressemblent et sont d'inséparables compagnons, ont bâti leur nid, de leur plein gré, sur le même arbre. L'un d'eux mange les fruits doux et amers de l'arbre (goûte au bien et au mal, aux oppositions), alors que l'autre, qui ne goûte d'aucun fruit, est plus grand en force et en gloire. Celui-ci qui ne goûte pas aux fruits est en effet sage et distingue le Soi du non-Soi; mais il n'en est pas ainsi de l'autre qui goûte aux fruits. Associé à l'ignorance, celui-ci demeure lié, alors que l'autre, possédant la connaissance, est éternellement libre." Goûter aux fruits, selon Satchidananda, c'est vouloir tirer profit de ses actes, vouloir recevoir une récompense, agir avec intérêt, avec attachement au résultat de ses actes.

Le Soi est voilé quand il s'incarne (en tant que le divin expérimente une **kénose**, une **vacance** totale de soi-même, le vide entier de toute sa substance). Afin de se montrer, il doit passer par le processus du voilement, de l'obscuration, il doit être sujet au changement, à la division, à la croissance — du moins au plus. L'être entre en *"procès"*, il progresse en devenant. Il se contracte afin de se répandre. Car habituellement on ne naît pas réalisé. C'est le fruit d'un devenir, d'un temps, ne serait-ce que quelques instants dans un corps. L'homme est un esprit incarné, et le terme *"incarné"* implique une obscuration, un *"oubli"*, une *IGNORANCE — AVIDYA*.

La division, le changement et la souffrance constituent l'état de l'ignorant. Chaque bébé, afin de naître au monde et devenir adulte, doit être séparé de sa mère. L'humain a été fait pour évoluer, progresser, croître, et cela veut dire nécessairement un passage du moins au plus. Et le plus est vraiment la seule direction compatible avec le mouvement et le dessein de la Nature: on ne connaît la vraie dimension du sequoia géant, **on ne sait vraiment ce qu'il est**, que lorsqu'il a atteint sa stature parfaite. Le plein achèvement seul est révélateur de toutes possibilités cachées.

Tous les mythes d'origine — comme ceux d'Adam et Eve, de la Tache Originelle ou de la Création — sont en dehors du temps et de l'histoire, en ce qu'ils ne renvoient pas à un temps spécifique du passé lointain (d'une origine temporelle), *MAIS À LA SOURCE EN L'HOMME*, à cette origine en lui tel qu'il est présentement, à ce commencement éternel, au Centre — à la source initiale de son être. Cette source ou ce Centre est le Soi, qui est la cause et la base de toute apparence — l'écran sur lequel dansent les figures projetées par le film du mental. ("C'est de ce Centre que l'homme est tombé et c'est vers ce Centre qu'il doit retourner", écrit Griffiths). L'homme n'aurait jamais existé sans cette Source-Centre. Il a toujours — au moins secrètement et sous forme symbolique, comme on le voit dans les contes populaires — connu l'existence du Soi et de ses voiles. Il a eu l'intuition de la Connaissance-du-Soi et de l'Ignorance-du-Soi. Il a su que cette ignorance était ce qui l'empêchait d'être le Vrai Soi. Il devinait un fossé entre son état présent et sa pleine réalisation — il savait qu'il n'était qu'en état virtuel de réalisation et non pleinement actualisé.

"C'est par la touche de l'ignorance que la vérité vient sous la forme de l'existence visible", écrit Dasgupta. Mais, selon Nikhilananda, "la vraie nature de l'ignorance est impénétrable, puisque l'esprit par lequel on essaie de la comprendre est lui-même un produit de l'ignorance. Elle est sans commencement, car le temps même est un effet de l'ignorance; mais elle a une fin, car elle disparaît quand on atteint à la Connaissance. Elle ne peut être ni prouvée ni réfutée par la raison, puisque le raisonnement humain est teinté d'ignorance." Il est aussi difficile au mental de prouver l'ignorance qu'au poisson de l'aquarium de prouver qu'il est en aquarium.

Cet état d'ignorance s'appelle la Tache Originelle, qui est vraiment un péché **sans origine** — car nous ne connaissons aucun temps historique où cet état n'a pas existé —, c'est un état toujours existant de non-développement, de potentialité, de désir, de forme séminale, de tendance évolutive demeurée plus ou moins latente, irréalisée — jusqu'à ce que la pousse commence à germer.

On pourrait s'étonner de voir identifier péché originel et ignorance — le péché étant pour plusieurs plus que de la simple ignorance: un acte personnel de refus. Toutefois, le sens premier et profond du péché (**hamartia** en grec) signifie *"manquer la cible"* — une allusion au tir de l'archer — qui met davantage l'accent sur **le désordre du tireur** que sur un manquement volontaire. Or, ce désordre qui fait manquer la cible est très proche de ce que le védisme appelle l'action contre les lois naturelles. En effet, quand la nature n'agit pas librement et pleinement en nous, nous ne savons plus viser, nous passons à côté de toutes nos cibles, nous manquons tous nos buts, nous sommes désordonnés. Nous ne sommes pas alors dans un état de non-action, de laisser-faire, d'abandon à ce qui est, au **wu-wei** du taoïsme, au **sunyata**, au vide du bouddhisme zen. Or, n'être pas profondément accordé à la nature, c'est ne pas vivre à ce niveau où le Soi est en nous pleinement conscient, puisque l'harmonie avec la nature et l'éveil du Soi vont de pair. L'ignorance vis-à-vis du Soi, c'est vraiment le péché originel: celui-ci n'existerait pas si l'on se connaissait réellement Soi-même, car on connaîtrait par le fait même le divin en Soi. Il faut aussi dire que la théologie chrétienne ne reconnaît pas au péché originel le plein statut du péché personnel, mais plutôt un état passif négatif — un manque — hérité du *"couple originel"*. L'ignorance dans laquelle l'homme se trouve fut éminemment reconnue par Jésus en croix: "Pardonnez-leur, car **ils ne savent ce qu'ils font**" (sans allusion à une supposée méchanceté humaine, ou à une **volonté** de pécher). En effet, comme l'écrit Merton dans son **Journal d'Asie**: "Notre mythe du péché originel... s'approche vraiment beaucoup du concept bouddhique de l'avidya (l'ignorance), de cette ignorance fondamentale. Conséquemment, christianisme et bouddhisme voient avant tout à une transformation de la conscience humaine — une transformation et une libération de la vérité emprisonnée en elle par l'ignorance et l'erreur."

Comme l'écrit encore Griffiths: "La Chute est une chute dans ce mode présent de conscience où tout est divisé, centré sur soi et mis en conflit avec autrui. La Chute est une chute dans l'auto-conscience, c'est-à-dire dans une conscience centrée sur le moi qui a perdu contact avec le sol éternel de la conscience, qui est le Soi." Ce n'est que parce qu'il y a en l'homme cette Conscience continuelle du Soi, qu'il a pu interpréter cet état d'oubli et d'ignorance comme une chute. La **chute** est la comparaison établie entre deux **niveaux** de conscience: en devinant l'idéal (la réalisation plénière du Soi) dans le champ des possibilités et voyant en même temps l'ego réellement limité, il se produit un sentiment d'affaissement, de chute, de déchéance — mais ce sentiment n'est que la vision **de ce que l'on n'est pas encore** et que l'on ne peut être au point de départ. La chute est **un fossé** entre le promis et le vécu — la semence et l'arbre —, les deux existant simultanément, causant ainsi une expérience de brisure, de division intérieure. Toute division annonce ou suppose une union quelque part, et la dualité ne peut exister que si l'unité la sous-tend.

Le dessein de la vie humaine est d'évoluer dans son état de conscience — la vie, c'est l'évolution de la conscience. Il est ainsi naturel que la conscience humaine commence à un échelon très bas, à partir d'un sous-développement, d'un égocentrisme, pour aller vers un déploiement et une ouverture de toutes potentialités. **La vie suit la voie d'une semence.** L'être entier est déjà présent, comme possibilité. La voie, c'est le cheminement de la semence à l'arbre qu'elle contient, et la chute, c'est la différence entre l'arbre réalisé et la semence qui rêve à lui. La vie doit ainsi se déployer pour devenir réalité radieuse. S'accomplir, c'est s'épanouir; devenir, c'est faire évoluer complètement la conscience à partir de l'état de sommeil profond jusqu'au plein éveil intérieur. L'homme n'est pas fait pour demeurer à l'état séminal (par exemple, en restant tel qu'il est, un être n'utilisant que cinq ou dix pourcent de ses capacités) — car tout le sens de la semence se trouve dans l'**arbre**. "L'homme, dit Griffiths, a été fait pour grandir depuis une identification avec la nature — l'inconscience du sein maternel — jusqu'à la conscience du Soi."

L'on devient de plus en plus Soi-même à mesure que l'on s'agrandit jusqu'à outrepasser l'ego et son ignorance. Dans son ignorance, l'homme ne sait pas qui il est, demeurant enclos dans les peurs et les **anxiétés** (c'est-à-dire les **rétrécissements**) du moi frileux et étroit. Comme l'écrit Merton: "C'est de cette ignorance de base, qui est notre expérience de nous-mêmes en tant qu'egos individuels absolument autonomes — c'est de cette fausse expérience de base que vient tout le reste. C'est là la Source de tous nos problèmes." C'est l'iceberg qui refuse de se perdre dans la mer.

Dans l'état d'ignorance-quant-au-Soi, l'homme est la proie de tout ce qui agresse ses sens. Il est le jouet des passions et du changement, il n'est vraiment personne, mais l'illusion d'un centre, d'une puissance, d'un être, le **jeu** de toutes forces et impulsions de la nature qu'il ne réussit pas à maîtriser. Les philosophes et psychologues existentialistes ont abondamment exposé dans sa forme la plus crue, la plus extrême, cette aliénation (ignorance) de l'homme qui, vivant au palier de l'ego seul, ne vit pas sa propre vie, ni sa vie pleine, mais la vie des autres, du système, de l'idéologie ou de l'opinion — de tout ce qui n'a pas la vraie connaissance, celle du Soi.

"Vivre sans cette conscience illuminée, écrit encore Merton, c'est vivre comme une bête de somme, portant sa vie avec un tragique sérieux comme un poids immense et incompréhensible... Le poids du fardeau est le sérieux avec lequel on prend son moi individuel et séparé... Vivre égoïstement, c'est endurer la vie comme un fardeau intolérable." Ce fardeau sisyphien fut appelé le péché originel, l'état dont la Conscience-Christique nous délivre, "car mon joug est aisé et mon fardeau léger". Être sauvé, c'est être libéré de ce fardeau du tragique-ego-qui-se-prend-au-sérieux, c'est être libre de toutes les limites-frontières de cet ego, qui tient, en traversant peines et déchirements, à prouver son unicité, son autonomie et la profondeur de son drame. Selon la tradition védique, l'ego serait en effet "l'isolation dans le continu".

Notre souffrance vient de ce que nous ne voulions pas être libres comme la compassion divine, que nous ne laissions pas la vie nous conduire vers la Conscience totale. Ce refus est en effet à contre-courant: il n'est pas naturel, il fait violence, il fait souffrir. Notre souffrance vient de ce que nous ne voulions pas être Tout mais seulement nous-mêmes, de ce que nous voulions n'être qu'une partie plutôt que l'ensemble et vivre d'un maigre pourcentage de notre potentiel, plutôt que de la plénitude. (Thérèse de Lisieux disait: "Moi, je choisis tout".) Devenir universel, éclater l'enclos de l'individuel, c'est la tendance naturelle semée au coeur de l'homme depuis son commencement. C'est parce qu'il ne réussit pas à épanouir cette promesse (ou qu'il ne veut pas vraiment s'en donner la peine), qu'il souffre.

Bien que nous commencions la vie avec une expérience de séparation (en quittant le sein maternel), cependant l'amour et le soin des parents devraient nous réintégrer graduellement dans cette plénitude unifiante qui est notre vraie demeure. Nous sommes faits pour être éduqués (conduits en dehors) depuis cet **égocentrisme** initial jusqu'au **Centre Universel** pleinement réalisé en nous. Telle est d'ailleurs la vraie éducation. La vie dans son ensemble exprime le dessein d'un raccordement entre l'ego et le Soi, d'un *"reliement"* (re-ligion, yoga), d'une conjugalité: cette prise en charge du joug du Soi (qui est *"léger"* nous rappelle Jésus), de ce joug unifiant et guérisseur. C'est en effet le Soi qui porte le poids, et il s'agit de le lui laisser, comme ce voyageur sur le train laissant sa valise sur la banquette. (Car même lorsque le voyageur tient la valise sur ses genoux, ce n'est pas lui qui la porte et cette illusion, c'est justement la **maya**, l'interprétation illusoire qui est le verre déformateur de l'ego.) Ce joug est facile dans la mesure où l'on n'y met pas d'obstacle, dans la mesure où on laisse faire. Un des premiers obstacles est de croire que c'est nous qui agissons — c'est sans doute un des obstacles qui demeurent le plus longtemps.

Ainsi l'état initial d'ignorance est davantage un programme, un indice, un projet, qu'une situation permanente voulue par le Créateur ou même par sa créature. ("Car la créature, dit saint Paul, a été assujettie à la vanité — à l'ignorance, à la maya — sans le vouloir.") La vie dans son ensemble devient un **passage** de l'ignorance vis-à-vis du Soi à la Connaissance du Soi. Et c'est parce que le guide est en nous dès le tout début (témoignant du fossé entre la semence et l'arbre) que ce passage ou ce devenir est une possibilité, même une certitude — la seule qui donne à l'existence son sens plénier. C'est le guide (le Soi) qui, revêtant la chair de chaque nouveau-né — chacun étant d'une certaine manière une incarnation du divin —, désire entreprendre ce voyage depuis l'ego jusqu'au Soi. Il fait cela afin d'amener l'ego, tous les egos individuels, vers la plénitude, en entreprenant avec chacun ce pèlerinage du modèle à sa réalisation. "Car, n'est-il pas écrit: "vous êtes des dieux"?"

Afin que le divin se trouve (se révèle) en l'homme, il doit tout d'abord se perdre, il doit **se rendre** au petit moi. "L'amour seul fait de ces choses", notait Romano Guardini. L'amour seul a de ces largesses. Lui seul conduit le rien à l'existence, fait se dissoudre le moi dans le Soi ou plutôt, le fait retourner au Soi dont il sort éternellement comme coule une source de montagne. Lui seul sait combler **en donnant l'impression de vider**.

Cet état initial d'ignorance est d'ailleurs glorifié comme une *"heureuse faute"* par la liturgie pascale. Heureuse faute, ou chute, en effet, qu'une telle ignorance, puisqu'elle révèle le Soi sauveur et lui demande d'en être guérie dans une compassion qui mène tout vide à son comblement, toute ignorance à la connaissance, tout ce qui est dispersé au rassemblement du bercail. C'est parce qu'il prévoit dans sa compassion que tout sera finalement réintégré et bien ("Tout sera bien", répète Jésus à Julienne de Norwich), que le Soi permet toutes ces vies commencées dans l'ignorance. Tout est sauvé dans le Soi. Tout est entier en lui. Tout ce qui est divisé, orphelin ("je ne vous laisserai pas orphelins") et séparé, est depuis le commencement uni, guéri et comblé dans le Soi.

Ainsi l'Éternité se connaît-elle à travers les yeux de l'Espace-Temps. Bien qu'en dehors du temps, elle ne peut se déployer qu'en devenant temporelle, liée par le temps, qu'en étant cyclique, tout en demeurant entièrement détachée de cette roue tournante — comme son essieu seul et sans bruit. Nous sommes les masques du divin jouant le drame de notre individuation, nous sommes le Jeu divin (**lila**), les **parties**, les **rôles** dans l'acte total, les personnages (**persona**: porte-voix) de la Compassion Universelle. Nous sommes l'éternel retour vers le commencement sans origine. Nous sommes comme ce ballon roulant qui tourne sur lui-même dans le ruisseau, ce globe étourdi sur lequel l'Éternel Danseur marque le pas — sans Lui-même bouger dans le courant. Pour que le Danseur continue sur place, nous devons continuellement bouger. C'est par nous que son éternité prend vie.

de l'intérieur de la prison

Lorsqu'en voyant passer une personne on se dit: "C'est bien lui, c'est bien elle — je la reconnais à sa démarche" — on se trompe, ce n'est pas elle, c'est **son corps** qu'on reconnaît. De même, en voyant quelqu'un réagir devant une difficulté ou une remarque, on dira: "C'est bien lui", mais ce qu'on veut dire, c'est: "Voilà bien **son tempérament, son type d'émotivité.**" Enfin, en reconnaissant le style parlé ou écrit d'un personnage public, en repérant son genre d'argumentation, on se dira encore: "C'est bien lui". Mais ce n'est pas lui — c'est **son intellect** que l'on discerne. Ainsi, en me regardant dans le miroir, je ne vois jamais le **je**, qui je suis. J'y vois le corps, les yeux — qui ne sont pas moi. Ce n'est pas moi qui vieillis non plus, c'est mon corps.

Le moi échappe à la saisie des sens, il échappe même à la connaissance. Or, nous avons commis cette erreur d'identification depuis notre enfance, quand notre maman nous rappelait que nous n'étions pas *"n'importe qui"*, que nous devions être fier d'être un tel, une telle, et si nous tentions d'imiter quelque héros, elle nous rabrouait vivement: "Voyons, Placide, ce n'est pas toi. Sois donc toi-même." On nous a donné un nom, une culture, et on nous a assurés que l'on devait agir de telle ou telle façon pour être **reconnu**. Ainsi, on s'est laissé convaincre qu'on était cet être qui signe ce nom, qu'on était ce corps, ce tempérament, ce mental. Mais le vrai Je — on n'en a pas entendu parler. On a vécu dans le mensonge et l'illusion — l'identification à un rôle, à un rôle de composition. À une fiction.

Mais ce n'est pas une raison d'en vouloir à la société, à ses parents ou à ses maîtres. C'est le fruit d'une nécessité, comme toute habitude d'acculturation. Or, toute habitude est ambivalente: elle permet d'être libre pour des tâches plus créatrices ou importantes, mais en même temps elle empêche la créativité, elle impose un conditionnement, elle retarde l'éveil. Par exemple, si on avait à apprendre chaque matin comment tenir la cuillère ou lacer ses chaussures, on y passerait bien la journée. L'habitude nous libère pour d'autres tâches plus utiles. Mais une fois l'habitude prise, on en perd la connaissance, elle s'internalise. On est à la fois comme un poisson nageant dans l'eau et comme un poisson pris dans la glace, figé par son identification à l'environnement. McLuhan disait que l'environnement, à force d'habitude, s'intègre à nous, nous pénètre, s'intériorise au point qu'on ne s'aperçoit plus de ce qui nous entoure: on le transporte avec soi comme ses lunettes. C'est la même chose pour toutes les habitudes, sociales ou culturelles: elles sont tellement ancrées qu'on se prend un jour à les défendre comme **soi-même** (ma patrie, mon nom, ma réputation, mon parti, mes idées). À ce moment, on ne voit plus l'illusion, on a été séduit complètement, gagné, converti. L'acteur s'est pris dans son rôle. Le poisson est pris dans l'aquarium qu'il ne peut voir tel qu'il est, puisque c'est devenu lui-même.

En effet, l'homme est en aquarium. Il voit à travers ce qu'il croit être un regard pur ou objectif (qu'on se souvienne de Descartes, qui croyait que chaque homme avait la même *"raison"* et qu'il fallait donc s'y fier totalement comme base d'entente universelle). Mais c'est une vision enduite et biaisée: l'homme doit croire que tout ce qu'il perçoit est la réalité, il doit croire ses sens, son interprétation fonde sa confiance (qui, elle, lui vient de son incorporation à un groupe constitué avant son arrivée). Il est d'un *"parti"*. Le parti de ceux qui défendent **une façon de voir** — qui peut être en marge d'un autre groupe (la façon de voir est toujours en un certain rapport avec un groupe quelconque), mais qui n'est pas moins un parti-pris (un parti où on est pris dès qu'on le prend). (Revenant à Descartes: il avait son parti-pris qu'il prenait pour sa raison — une raison qui était colorée par sa culture particulière et qui n'était pas celle d'un Spinoza, d'un Newton ou d'un Rabelais.) Rien n'est universel à ce niveau, mais partiel, menacé, petit, tendancieux. Qu'on se rappelle les nationalismes, les syndicats, les églises, les camps intellectuels, les contre-cultures.

STAMPFL

Et s'il veut sortir de son aquarium, l'homme devra accepter, comme le poisson, d'en mourir. Le je social, la subtile construction maintenue par un consensus tacite — il ne faut pas éventer la mèche et montrer que l'*"empereur est nu!"*, c'est-à-dire: laisser voir que tout est *"construit"* —, ce je fictif doit être vu tel qu'il est pour se dissoudre. Il doit être dénoncé.

Les hindous racontent l'histoire de cet inconnu qui s'invite à des noces. Lorsqu'on lui demande de s'identifier, il répond qu'il est un ami des époux. Cela va pour quelque temps. Mais comme personne ne le connaît, on finit bien par se rendre compte que c'est un imposteur. Dès qu'il voit qu'il va être démasqué, l'imposteur déguerpit. Tel est le comportement du faux moi, de l'ego.

Aussi longtemps qu'on croit qu'être en aquarium, c'est voir le monde tel qu'il est et nous voir tels que nous sommes en réalité, on n'en sort pas. On commence à voir le verre déformateur — l'eau qui colore notre vision mais qui est si unie à notre oeil qu'on ne la sent plus — qu'au moment où on consent à s'arrêter pour reconnaître enfin **qu'on est en prison**. Non simplement pour le lire en passant, comme le fait présentement le lecteur, mais pour passer à l'acte du déconditionnement, de la désintoxication, de la désidentification.

Ce processus est long, mais il sera d'autant plus court qu'il sera intense et régulier. De toutes façons, il n'aura pas la longueur du conditionnement dont on cherche à sortir (depuis combien de vies?), parce qu'il est conscient et dirigé de l'intérieur, et que tout l'être est mobilisé dans une seule direction. Mais pourquoi entreprendrait-on une chose si difficile — ce divorce entre des éléments aussi fusionnés que le noyau et les électrons d'un atome, qui exigent pour être séparés une énergie suprême? Eh bien, entrer en lice pour se connaître, pour s'éveiller, pour devenir pleinement conscient, parfaitement libre, c'est à la fois la seule aventure qui puisse (ou mérite de) mobiliser tout l'homme, la seule oeuvre à sa taille, c'est une occupation des plus gratifiantes et utiles pour l'ensemble de l'univers, y compris soi-même, c'est enfin la seule façon pour l'humanité de se prolonger, c'est-à-dire de poursuivre son évolution et aussi de survivre comme espèce. (Voir à ce sujet, les ouvrages d'Arthur Young, Gerald Heard, Gopi Krishna, Jacob Needleman, John Lilly, Joseph Chilton Pearce, et bien d'autres.) De toutes façons, une fois que l'on a saisi le problème et les possibilités, on ne peut plus reculer. C'est le seul jeu qui nous reste, ou comme on dit en anglais, *"the only game in town"*.

Ce qui reste à faire, c'est ce qu'il aurait toujours fallu faire, c'est la seule chose qu'il valait la peine d'entreprendre depuis le début, le seul but à poursuivre, le seul combat à engager, le seul rêve à entretenir. S'engager sur cette Voie, se changer soi-même, c'est le seul véritable emploi à plein temps pour l'homme, tout le reste est marginal: un travail à la dentelle alors que la robe reste encore à faire.

Il est d'ailleurs plus exigeant de travailler sur soi que sur autrui, car la pente naturelle nous entraîne à éviter le travail sur soi et à concentrer son effort sur un programme pour *"changer le monde"*, pour améliorer la société, pour trouver une meilleure forme de gouvernement, un meilleur système scolaire, un meilleur système philosophique. Un effort pour changer les autres — sans se changer soi-même. Cette attitude fait précisément partie de l'illusion de l'acculturation qui croit pouvoir créer de plus en plus de bonheur sans changer les prémisses, sans démasquer les mécanismes d'**inbreeding.**

"La contemplation, dit Heard — c'est-à-dire ce que j'entends par la conscience surmentale — est la prochaine et nécessaire étape dans l'évolution humaine. Sans elle, tout notre pénible effort est jusqu'ici frustré. Mais ceci n'est pas compris par les gens qui veulent *"changer le monde"* sans se changer tout d'abord, c'est-à-dire les gens qui ne croient qu'à l'action seule. Ils veulent changer le monde, certains qu'eux-mêmes sont suffisamment évolués et transformés pour voir le monde tel qu'il est vraiment, convaincus qu'ils ont le pouvoir de l'amender, et qu'ils seront parfaitement heureux quand cela sera fait. En revanche, pour les contemplatifs, le coeur du problème, c'est nous. Selon les contemplatifs, l'humanité a besoin d'une mutation radicale, d'un changement non seulement dans la conduite et le caractère (ce qui est plus que la plupart d'entre nous avons atteint jusqu'ici), mais également dans la conscience. Le changement de la conscience, c'est le vrai chemin de l'évolution. Ce n'est pas seulement nécessaire et possible: c'est le but et le propos même de la vie. Et lorsque nous aurons achevé ce processus — l'intégration de la conscience pure et complète — alors nous **verrons** un monde nouveau et nous saurons à la fois comment vivre et comment agir. Aussi longtemps que nous n'avons pas compris cela, plus nous essayerons de changer nos conditions extérieures, plus futile sera notre effort et plus tragiques aussi les conséquences."

CAR LE BONHEUR NE VIENT PAS DE L'EXTÉRIEUR.

On ne peut sortir de l'aquarium qu'en reconnaissant "qu'on y est. Mais reconnaître qu'on y est veut dire faire l'inventaire complet des assujetissements, des contraintes, des bornes-limites de la vie en aquarium. C'est assumer complètement sa culture, avant de pouvoir la dépasser. C'est connaître à fond les ombres et les lumières dans le domaine de son ego, sans se raconter d'histoires (c'est surtout cela que fait le mental), sans se leurrer, sans se cacher ses faiblesses. On ne dépasse que ce qu'on a parfaitement accepté.

la prochaine étape de l'homme

L'homme ne se distingue pas de l'animal par sa capacité de faire des outils — les grands singes et certains oiseaux en font eux aussi —, ni par le fait qu'il se tient droit sur ses deux jambes, libérant ses bras pour la merveille infinie des actions manuelles, ou encore par le fait qu'il utilise le langage — car les chimpanzés de Jane Goodall et d'Emily Hahn et les dauphins de John Lilly communiquent par des systèmes linguistiques subtils, bien que loin encore de rejoindre la complexité du langage humain. Non, l'homme est une espèce unique en ce qu'il est le seul à pouvoir élaborer un système à propos de systèmes, un méta-langage, une réflexion sur sa propre pensée — en ce qu'il est capable de **TRANSCENDER**.

Il est capable de tout voir à un second niveau. Par rapport au premier niveau du fait brut, du donné perçu par les sens, il est capable d'une prise de position subjective et réflexive, d'un commentaire sur le vécu. C'est la capacité de penser, d'entretenir un monde mental. D'interposer toute action par une *"pensée sur l'action"*, d'enduire toute expérience d'une théorie sur l'expérience ou du moins d'une expectative, d'une attitude de regret, d'un programme conscient. C'est la capacité de porter un masque et de le savoir en plus.

L'homme n'est pas achevé. C'est justement pourquoi il vient sur terre et y revient souvent. Rien n'est définitif et permanent dans l'homme extérieur, dans le monde du mental, du corps, de la pensée et de l'émotion. Tout n'est que flux continu, nous le disait déjà Héraclite — de même que le Bouddha qui connaissait l'impermanence de toutes choses. Et Jésus: "Ne vous attachez qu'à ce qui ne rouille pas." C'est d'ailleurs parce que rien n'est achevé qu'il y a la Voie. Et que celle-ci est unique et imprévisible pour chacun.

Il ne faut pas regretter les mutations, car elles sont inévitables et font partie justement des **données**. Elles sont inscrites au programme dès le début et c'est être aveugle à la circularité ou au moins à la spiralité du temps que de vouloir en demeurer *"au bon vieux temps"*. Pour celui qui est au présent, il n'y a plus de regret de voir les choses changer. Car il ne s'attache à aucune forme établie et sait qu'aucune forme ne peut être stable ni rendre l'homme heureux.

Cette capacité va de pair avec le fait qu'il peut cumuler en lui-même les dons propres aux diverses espèces animales — il peut courir, sauter, grimper, chasser, voler, nager, faire du trapèze, etc. Ce qu'aucune espèce isolée ne peut faire. La capacité de transcender est aussi liée au fait que l'univers de l'homme n'est pas pré-déterminé. Il existe un monde canin, un monde de chevalin, tout *"pré-fabriqué"*, parfaitement programmé, mais il n'existe rien de semblable *"a priori"* chez l'homme — la diversité des cultures en est témoin. (Mais une fois le programme arrêté, l'univers de telle culture donnée devient un monde *"pré-fabriqué"*, c'est-à-dire *"a posteriori"*.) L'homme est infiniment adaptable, parce qu'il a justement à s'achever.

Mais ce remarquable pouvoir de transcender qui déjà place l'homme dans une classe à part parmi les animaux, n'est pas le fin mot de l'histoire. Ce n'est qu'un indice, un symbole d'un autre pouvoir de transcender. Car, aussi longtemps que l'homme emploie sa faculté de penser ou de réfléchir sur le mental, il demeure enclos dans le monde **de la pensée**. Or, il y a en lui une autre chambre secrète qui peut s'ouvrir. **Il peut transcender la pensée**. (Ceux qui n'y croient pas ne peuvent vraiment pas se prononcer avant de l'avoir expérimenté) L'homme peut entrer dans un domaine au-delà du mental, où toutes les limitations du mental-ego-émotion sont dépassées, où la clarté de la conscience pure lui fait voir les choses non plus à travers l'écran de l'émotion et des attirances/répulsions ou à travers le glaçage/enduit des préjugés, mais dans leur nudité, dans leur simplicité, leur transparence originelle — au-delà des clichés culturels.

L'homme n'est pas achevé. Il souffre aussi longtemps qu'il demeure dans le monde du mental. Chaque humain souffre aussi longtemps qu'il n'a pas transcendé ses désirs et ses peurs — ses projets, ses insatisfactions, ses rejets, ses regrets, ses angoisses. Il souffre simplement de n'être pas *RÉALISÉ*, pleinement humain. Il n'est pas lui-même, c'est-à-dire qu'il s'identifie à l'ego, au corps. Il est le jouet soit d'une attirance, soit d'une répulsion, d'une impatience ou d'une vendetta. Toujours à côté de lui-même. À la recherche — obscure, ignorée, souvent combattue — du Soi.

Pour autant qu'on peut s'en apercevoir, l'homme est ici-bas le seul être qui peut et doit déterminer l'étape prochaine de son évolution, non seulement parce qu'il n'est pas complet, mais parce que ce perfectionnement ne peut se réaliser que dans la ligne de ce qui en lui se trouve déjà le plus avancé — l'esprit, la pensée. En d'autres termes, ce n'est plus le corps qui a à évoluer, mais ce qui le sous-tend, le programme et le dépasse — la Conscience (**Awareness**).

L'homme ne s'achèvera qu'en prolongeant l'ébauche de la pensée, qu'en complétant le geste esquissé, qu'en portant au fruit la semence cachée. La prochaine étape de son évolution, qui est déjà commencée, est celle de la transcendance, de la vie à un niveau suprêmement qualitatif, la conscience élargie à la dimension universelle, la capacité d'être chez lui dans toute la création — chez les hommes, avec les animaux, les oiseaux, les plantes et les pierres, les éléments chimiques et les électrons. D'être en communion continuelle avec tout. De n'avoir plus d'écran. Mais cela veut dire aussi que l'homme sera devenu plus concret, plus incarné, plus **ici-maintenant** qu'il ne l'a jamais été — plus inclus dans la vie de chaque instant, moins perdu dans le passé regretté ou l'avenir projeté, et davantage capable de goûter pleinement la fête de l'existence innocente, spontanée, inventive, libérée de tout souci, de toute angoisse, de toute peur.

Or, comme le niveau transcendant se situe au-delà de la pensée, du monde mental, il n'est évidemment pas possible d'y parvenir au moyen de la pensée. La pensée est une flèche qui pointe en un sens, elle est le seuil d'où se révèle le paysage à pénétrer et à explorer, le doigt qui indique la lune et auquel il ne faut pas s'attarder puisqu'en lui-même, il ne dit pas tout, mais n'indique que dans quelle direction il faut procéder. Tout ce que peut l'intellect, c'est frapper à la porte et demander "Il y a quel-qu'un?" Mais il ne peut de lui-même ouvrir, il ne peut même pas reconnaître ce qui s'y trouve, et encore moins y pénétrer.

Il faut en quelque sorte que la pensée se retire pour laisser à la trans-pensée la place qui lui revient. La trans-pensée, c'est le monde du Soi, qui ne peut jamais être vu par l'intellect, jamais "face à face" — qui ne peut jamais être vu, point. Il n'est connu que de l'intérieur, il est cette porte qui ne s'ouvre que du dedans. On ne peut qu'**être** le Soi, et cette réalisation est conscience-énergie-compassion totale. Il n'y a plus alors d'objet — **d'autre**. Tout est *JE*. On s'identifie à tout sans s'attacher à rien, à aucune limite. Un Je qui est la négation même de tous les petits *"je"* égoïstes et intéressés.

Le Soi, c'est la Conscience universelle et tout homme, étant fait *"à l'image de Dieu"*, est d'abord et avant tout — et depuis toujours: aucun homme ne peut exister sans cette *"image"* en lui, puisque cette image, c'est justement ce que l'on appelle *"humanité"* — un être divin, participant de la divinité, de l'uni-verselle conscience-compassion-énergie. Chaque homme est fils de Dieu, est *"de la famille"* divine. En réalité, c'est toute l'humanité comme ensemble qui constitue le Fils de Dieu in-**carné** — le *"corps mystique"* dont parle saint Paul.

Il y a des saints dans toutes les traditions.

Le nom d'une religion ne rend pas supérieur un peuple ou un individu. Il n'y a pas de peuple choisi. Toute religion est fondée sur la connaissance du soi et dans la mesure où elle perd cette connaissance, elle devient coquille vide, habitude sans vie, obstacle à la fraternité universelle. Une religion peut enseigner les leçons de base de la voie; elle est utile, pourvu qu'on ne s'y accroche pas.

Plus les hommes connaîtront le Soi, moins les distinctions religieuses les sépareront, mais plus aussi la diversité des religions deviendra un enrichissement — complémentarité plutôt qu'opposition.

Une religion ne peut être universelle, pas plus que la culture dont elle est une expression. Cependant, l'homme doit tendre à dépasser l'absolutisme de sa religion et chaque religion doit vaincre son complexe de supériorité. Désormais, chaque croyance devra reconnaître ses limites, pour apprendre des autres croyances au lieu de vouloir les convertir ou les coloniser.

Le Soi est cette dimension universelle qui seule peut créer l'unité au-delà des diversités. C'est cette dimension qu'il s'agit désormais d'explorer si l'on veut continuer d'évoluer ou simplement pour survivre comme espèce. Le Soi contient toutes les promesses d'évolution, il est la semence autant que l'arbre — la croissance infinie qui attend sa libération. Car, non seulement le Soi a toujours été dans l'homme, mais tous les hommes en ont été conscients d'une façon ou d'une autre et l'ont exprimé avec la diversité qui convient à la multiplicité des cultures, diversité qui n'a d'ailleurs pas fini de se manifester. Il s'agit de ne pas fixer de limites à l'imagination de l'esprit.

Aujourd'hui, tout le champ du possible se manifeste symboliquement dans les nouvelles recherches des physiciens. Les physiciens chefs de file se voient devenir de plus en plus métaphysiciens et spirituels. La mutation avait commencé avec Einstein, Born, Schroedinger, Jeans, Eddington, Heisenberg. Elle se continue avec le groupe de Princeton (*les néo-gnostiques*), Charon, Sudarshan, Wigner, Wheeler, Domash et Capra. Mais il n'y a pas que les physiciens à être touchés par une fusion de la science et de la mystique. On remarque aussi le biologiste Watson, le neurologue Pribram, les inventeurs scientifiques Bentov et Young, le mathématicien Musès, l'anthropologue Bateson, l'ingénieur Fuller, l'économiste Schumacher et les astronautes Mitchell et Schweikart.
Ces esprits ont reconnu que la foi-expérience est de plus en plus inséparable de la connaissance intellectuelle la plus avancée. Que la fusion dans l'homme entre science et spiritualité est désormais non seulement une possibilité mais une nécessité sinon une évidence que l'on n'avait jamais osé regarder en face. Les savants les plus avancés d'aujourd'hui affirment que:

- Toutes les théories concernant les phénomènes naturels, y compris les lois qu'ils décrivent, sont des créations de l'esprit humain, qui renvoient à une **carte** du terrain plutôt qu'au terrain lui-même;
- L'univers n'est plus *"observé"*, mais plutôt *"partitipé"*, c'est-à-dire qu'on ne peut pas l'observer sans y participer, donc sans le changer par l'observation même.
- L'existence de la conscience est nécessaire pour que l'ensemble de la réalité physique soit consistant.

- La conscience — l'intelligence organisatrice — est à la source, à la base de la matière visible, le *noumène* qui fonde tout *phénomène*.

- Il est essentiel à la physique quantique d'admettre une réalité fondamentale dont rien n'est directement connu, mais qui est le substrat universel d'une potentialité infinie existant au niveau énergétique le plus bas de l'atome — *"ground state"*, *"vacuum state"*: l'état de vide.
- Il n'est pas possible de connaître le monde physique sans y mêler du subjectif, sans que le sujet influence l'objet étudié, car tout s'inter-influence dans l'univers, l'univers étant un et simultané. Les êtres s'influencent et s'appellent autant par un phénomène de résonnance (synchronicité) que par la causalité.

- Il n'est pas possible de connaître les derniers fondements de la matière — l'atome n'est déjà plus **une chose**, et ce n'est pas le dernier constituant. Le fondement est relié à l'esprit, à la conscience.

- Enfin, en toute vie il y a une impulsion fondamentale qui pousse vers l'auto-transcendance, qui pousse à se dépasser soi-même dans une forme plus élevée, dans une conscience plus universelle.

Celui qui va le plus loin dans ses affirmations, est sans doute le physicien français Jean Charon, qui écrit que "la pensée est partout présente, aussi bien dans le minéral, le végétal ou l'animal que dans l'homme", que l'univers de l'électron est en dehors de l'espace-temps connu, qu'il est le lieu de l'esprit, qu'il est pratiquement éternel et survit à la désintégration du corps, que dans chaque électron de notre corps notre esprit entier, notre Je entier est contenu. "Notre esprit, c'est-à-dire chacun de nous, a été, est et sera présent tant que durera notre monde". Enfin, dit le savant, "l'ensemble des informations dont disposent nos électrons forment un *"Je"* cosmique qui est certainement infiniment plus large que celui à mettre au crédit de notre *"je conscient"*. C'est, en somme, la reconnaissance du Soi.

Ainsi, les savants positivistes et matérialistes du 19e siècle ont fait un tour complet, pour entrer dans une science ouverte sur le spirituel, une connaissance où la compassion a repris sa juste place. Une science-conscience, un savoir-sagesse, une connaissance qui est aussi amour. Une foi totale au-delà des opinions et des croyances.

Mais il ne faudrait pas croire que tout le monde est déjà capable de voir ou de vivre à ce niveau. Même parmi les savants, cette nouvelle compréhension de la science demeure un fait isolé, la fine pointe d'un mouvement. La plupart des hommes en sont encore, dans leur vie de tous les jours, à vivre d'une vision du monde d'époque romantique, victorienne, où la science était devenue la nouvelle religion, infaillible et prometteuse de tous les bonheurs, où tous les êtres dans l'univers étaient des entités bien séparées, où la notion d'unité d'ensemble n'avait pas encore cours, où le monde du sur-naturel, du sur-mental, du psychique, de la télépathie, de la circulation universelle d'énergie, de la synchronicité, de la simultanéité spatio-temporelle, de la relativité, n'était encore que théorie loufoque, bizarre ou peu sérieuse. L'homme de la rue est solidement ancré dans **ce qu'il croit un monde solide**. Il croit que ce qu'il voit est solide, comme il croit que ce qu'il voit au cinéma est mouvement réel. Que tout soit danse folle d'énergies et de vibrations, de mouvements et de girations d'atomes, n'effleure même pas son esprit. Il croit dur comme fer à la dureté du fer. Il croit ses sens: il voit le soleil **se coucher**, eh bien, pour lui, *"le soleil se couche"* — ce n'est pas pour lui la terre qui se roule dans la lumière. Il y a toute une **révolution** copernicienne à effectuer dans son esprit et dans son coeur avant qu'il puisse vivre à un niveau de conscience **contemporaine**, avant qu'il incorpore les connaissances des chercheurs les plus avancés.

Mais si cette transformation est loin d'être faite, elle demeure cependant inévitable, du seul fait que les fondements du monde ancien s'écroulent à un rythme certain et de plus en plus accéléré. On ne peut arrêter l'évolution de la pensée et de la conscience pas plus qu'on ne peut arrêter le cours du temps. Tout attardement est un recul. Et cela est encore plus vrai aujourd-hui où les choses évoluent à une vitesse incroyable. Celui qui s'attache meurt. Il est déjà mort. (*"Laissez les morts enterrer leurs morts."*) Ce sont les **vivants** qui importent. Ce sont eux qui vraiment transforment le monde, qui lui font changer de forme, le mènent vers son achèvement — en se transformant eux-mêmes tout d'abord. Car c'est cela que nous apprend la science la plus avancée: **seule une connaissance de sa propre conscience peut nous faire comprendre l'univers dans son ensemble et dans ses fondements,** puisque tout se tient et tout est dans tout, que tout s'inter-influence et s'entre-féconde.

"Tout est possible à celui qui croit" — celui qui se tient dans le Soi, ouvert à tout ce qui lui arrive, accueillant le tout de la vie, ses peines et ses joies, ses possibilités et ses limites. L'homme du nouvel âge — l'âge de la spiritualité —, un âge qui n'est pas tout d'abord temporel mais intérieur, cet homme fusionne en lui-même toutes les différences qu'il a acceptées et harmonisées dans sa propre personne. Il n'est opposé à rien, ses énergies vont ailleurs — dans une attention continuelle à ce qui est, à ce qui se fait, à ce qui peut se faire. Il n'est empêché par rien — les obstacles sont des tremplins parce qu'il saisit la trame derrière les apparences.

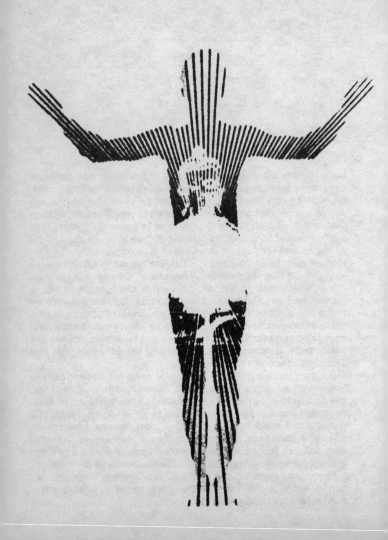

Il joint en lui le **yin** et le **yang**, les deux cerveaux, l'intellect et le coeur, la science et la spiritualité, l'absolu et le relatif. Les oppositions lui deviennent des complémentarités. Rien ne saurait empêcher une union toujours progressive en même temps que progressivement diversifiée. L'homme de l'âge spirituel (qui est sans âge) sait vivre avec les humains et les êtres de tous niveaux et de tous règnes: il les rejoint parce qu'il se place au centre, à la source et non à la périphérie. Il vit de cette eau universelle, à la source des puits multiples, et sa soif est assez grande pour ne pas s'arrêter à la couleur (culture, race, religion, idéologie, âge, allure) de la main qui lui donne à boire.

Cet homme est déjà né. Il est parmi nous, comme il l'a toujours été, en nombre plus ou moins important. Aujourd'hui, son nombre se multiplie lentement, mais irréversiblement. Cependant, il ne fera jamais foule. Il suffit qu'une poignée d'hommes ait marché sur la lune ou puisse faire le mille en quatre minutes pour qu'on dise: "l'Homme, l'Humanité marche sur la lune, court le mille en quatre minutes." **La possibilité est dans l'Homme.** Et l'actualisation est de plus en plus possible. Les pionniers spirituels que sont les mystiques nous montrent le possible en l'Homme — ils incarnent dès aujourd'hui l'Homme à venir, l'Homme de toujours à réaliser aujourd'hui. C'est de ces hommes que dépend la survivance de la planète et de la civilisation. Aujourd'hui, il n'est plus arbitraire d'**être spirituel**, d'être d'une vision universelle, d'une conscience éveillée.

Peut-être que dans un très proche avenir, s'il n'y a pas de vie spirituelle, il n'y aura plus de vie, tout simplement.

bibliographie

Les livres, comme les rencontres, les événements et les choses, peuvent être pour le voyageur spirituel des occasions d'avancement parfois même des catalyseurs. Mais ce ne sont pas les livres eux-mêmes qui nous font progresser, le progrès demeurant toujours une entreprise personnelle. Il peut arriver que l'éveil se déclenche à la suite d'une lecture ou d'une rencontre. En ce sens, les livres sont des sources d'inspiration et de soutien: ils redonnent du souffle et nous disent *"où nous en sommes sur la voie"*. Mais un livre écrit par un sage ne nous apprend que la façon dont un autre s'est réalisé, il ne nous dit rien de la façon dont nous devrons nous-mêmes avancer.

Il ne faut pas s'attarder à des livres plus qu'aux autres choses périssables. Il faut savoir les fermer à temps pour passer à l'action sur soi-même, puisque seule celle-ci en fin de compte a une valeur transformatrice. Quitte à revenir se retremper dans un livre, comme on pourra le faire auprès d'un groupe spirituel. On peut se leurrer longtemps, entouré de livres, passant des heures à s'imbiber d'une pensée exaltante. C'est l'époque du magasinage spirituel, du *"shopping"*, qui est utile surtout pour se convaincre de la réalité des choses décrites et emmagasiner du courage suffisant pour entreprendre l'action sur soi-même.

La lecture peut être une autre façon de rester pris dans le mental — le monde de la pensée, de l'émotion et de l'ego. **Un livre ne nous fera jamais perdre l'ego.** Or, c'est de cela et de cela seulement qu'il s'agit dans la vie spirituelle. L'esprit bien meublé, *"la tête bien faite"*, peuvent être un obstacle autant qu'un profit sur la voie. Ce n'est pas la tête, mais le coeur — l'intuition, la conscience profonde — qui réalise la totalité de l'homme.

Ce livre, que vous avez parcouru, présente une façon de suivre la voie — celle de l'auteur. Il représente mon aventure, en partie du moins, car elle se continue toujours et pourrait encore changer substantiellement. Il présente mes idées, mes opinions, les leçons que j'ai apprises, les réflexions qui m'ont été utiles sur la voie, les obstacles et les pièges rencontrés en cours de route. Je ne suis ni gourou ni maître spirituel, simplement un compagnon de route. Que l'on ne prenne donc pas pour acquis tout ce que j'écris ici: que chacun éprouve lui-même, en le vivant, tout ce qu'il lira. N'écouter que soi-même, tout d'abord. Chacun est sa propre voie, qu'il faut vraiment **apprendre** à reconnaître et à définir. Ce livre offre des suggestions, il n'ambitionne pas de convaincre, puisque c'est à chacun de choisir son chemin et personne ne peut vraiment convaincre un autre en profondeur sans une connivence ou une sympathie préalable.

Voici pour terminer une liste de quelques ouvrages qui m'ont été utiles sur la voie.

vie spirituelle en général

Daniel Goleman, *Douze Formes de Méditation* (Fayard)
Ram Dass, *Remember, Ici Maintenant*
Aldous Huxley, *La Philosophie Éternelle* (Seuil)
Schumacher, *Small is Beautiful* (tel quel en français)
La Vie Impersonnelle (anonyme)

tradition hindoue-védique

La *Bhagvad-Gita,* les *Oupanishads,* la *Shrimad Bhaga-vatam*
L'oeuvre complète d'Arnaud Desjardins (Table Tonde)
Yogananda, *Autobiographie d'un Yogi*
L'Évangile de Ramana Maharshi (toute son oeuvre traduite)
L'Enseignement de Ma Ananda Moyi (toute son oeuvre)
L'Évangile de Ramakshrina
Les ouvrages de Jean Herbert sur l'Inde
Krishnamurti, *Se libérer du connu* (Stock)
La Première et dernière liberté (Stock)
La Révolution du silence (Stock)

bouddhismes

Les Soutras bouddhiques
Walpola Rahula, *L'Enseignement du Bouddha* (Seuil)
Jean Klein, *La Joie sans objet* (Mercure de France)
Nyanaponika Mahathéra, *Initiation au bouddhisme* (Albin Michel)
(tibet)
Trogyam Trungpa, *Méditation et action* (Fayard)
Alexandra David-Néel, *Les Enseignements secrets des bouddhistes tibétains* (Ed. Adyas)
Evans-Wentz, *Le Livre des Morts*
(zen)
Suzuki, *Esprit Zen, esprit neuf* (Seuil)
Kapleau, *Les trois piliers du zen* (Stock)
L'ouvrage d'Alan Watts sur le Zen

traditions chrétiennes
Le Cantique des Cantiques, Le Livre de Job, La Sagesse, L'Évangile selon saint Jean, L'Évangile selon Thomas
les oeuvres de Denys l'Aréopagite, François d'Assise, Bonaventure, Maître Eckhart, Jean de la Croix, Thérèse d'Avila, Jacob Boehme, Thomas Merton, Marcel Légaut, William Law

Le Nuage d'Inconnaissance (Seuil) — (anonyme, 14e siècle anglais)
Frère Laurent, *La Pratique de la présence de Dieu* (17e siècle)
La Philokalie
Le Récit du pèlerin russe (Seuil)

tradition juive
Les livres de Zev Ben Shimon Halevi sur la Kabbale
Elie Wiesel, *Célébration hasidique* (Seuil)
Les livres de Martin Buber sur le hasidisme

tradition islamique
Les livres de Henry Corbin
Frithjof Schuon, *Comprendre l'Islam* (Seuil)
Ibn Arabi, *Le Traité de l'unité* (Éditions de l'Échelle)
Elahi, *La Voie de la Perfection* (Seghers) — malgré une touche de puritanisme
Les oeuvres de Rumi, Rabia, Hazrat Khan

tradition amérindienne
L'ouvrage de McLuhan sur les textes d'Indiens (Traduction de *Touch The Earth*)

pour ceux qui lisent l'anglais

ouvrages généraux

Lex Hixon, *Coming Home* (Doubleday Anchor)
Arthur Young, *The Reflexive Universe*
Jeffrey Mishlove, *The Roots of Consciousness* (Random House)
Itzhak Bentov, *Stalking the Wild Pendulum* (Abacus)
E.F. Schumacher, *Small is Beautiful* (Abacus)
A Guide for the Perplexed (Fitzhenry and Whiteside)
Ram Dass, *Be Here Now,*
The Only Dance There Is
Grist For The Mill
Journey of Awakening
Elizabeth Haich, *Initiation* (Seed)
William Johnston, *Silent Music* (Anchor)
The Inner Eye of Love (Collins)
Aldous Huxley, *The Perennial Philosophy* (Harper)
Daniel Coleman, *The Varieties of Meditative Experience* (Dutton)
Patricia Carrington, *Freedom in Meditation* (Anchor)
Ouvrages de David Spangler, Michael Murphy
Walter Stace, *The Teachings of the Mystics* (Mentor)
Alan Watts, *Behold the Spirit*
Jacob Needleman, *Sense of the Cosmos* (Dutton)

taoisme

Wilhelm/Jung, *The Secret of the Golden Flower* (Routledge & Kegan Paul)
Arthur Waley, *The Way and Its Power* (Grove Press)
Alan Watts, *The Watercourse Way* (Pantheon)

védisme et yoga

Yogananda, *Man's Eternal Quest* (Self-Realization Fellowship)
Maha Yoga (doctrine de Ramana Maharshi)
Satchidananda, *Beyond Words* (Holt, Rinehart, Winston)
To Know Your Self (Anchor)
Ouvrages de Brunton, Osborne, Kaushik
Swami Rama, *Living With the Himalayan Masters* (Himalayan International Institute)

bouddhismes

Jack Kornfield, *Living Buddhist Masters* (Unity Press)
Ouvrages de Ashvagosha, Dhiravamsa
Thera, *The Heart of Buddhist Meditation* (Weiser)

(tibet)

Evans-Wentz, *Tibetan Yoga* (Oxford)
Tibet's Great Yogi Milarepa
Lama Govinda, *The Way of the White Clouds* (Weiser)
Foundations of Tibetan Mysticism (Weiser)
Trogyam Trungpa, *Meditation in Action* (Shambala)
The Myth of Freedom (Shambala)
Tarthang Tulku, *Time, Space and Knowledge* (Dharma)

(zen)

Blyth, *Zen and Zen Classics* (Vintage)
Watts, *The Way of Zen* (Vintage)
Suzuki, *Zen Mind, Beginner's Mind*

islam

The Sufi Message of Hazrat Inayat Khan
Pir Vilayat Khan, *Toward the One*
The Secret Teachings of the Sikhs

christianisme

Theologia GERMANICA

Hilton, *The Scale of Perfection*

Rolle, *The Fire of Love*

L'oeuvre de Merton, en particulier *Asian Journal, New Seeds of Contemplation, Zen and the Birds of Appetite, Chuang Tzu, Mystics and Zen Masters, The Wisdom of the Desert*

Dom Aelred Graham, *The End of Religion* (A Harvest Book)

Bede Griffiths, *Return to the Center* (Collins)

Maurice Nicoll, *The New Man* (Robinson and Watkins)

Thomas S. Kepler, *An Anthology of Devotional Literature* (Baker Book House)

Walter Holden Capps & Wendy M. Wright, *Silent Fire* (Harper & Row)

amérindiens

John Neihardt, *Black Elk Speaks* (Pocket Books)

autres Maîtres

Sandweiss, *Sai Baba, The Holy Man* (Birth Day Publishing Co.)

Bubba Free John, *The Knee of Listening* (Dawn Horse)

glossaire

anicca — l'impermanence de toutes choses (bouddhisme)

anatta — l'absence de je (*atman*) dans toutes choses (bouddhisme)

Atman — le Soi individuel et universel, identique au *Brahman* (védantisme)

avidya — l'ignorance — non pas l'analphabétisme ou l'absence d'instruction — mais le fait de ne pas connaître le Soi (védantisme)

baqa — le résidu du moi après l'expérience d'absorption dans le Tout (soufisme)

Bhagavad-Gita — ''Le Chant du Seigneur'': un des textes majeurs de la religion hindoue (védantisme)

bhakti yoga — le *yoga* de la dévotion (védantisme)

Brahma — un des dieux de la trinité hindoue *(trimurti)*: le créateur-initiateur; correspond au *sattva* des *gounas* (védantisme)

brahmacharya — le premier état de la vie hindoue, celui de l'étudiant qui s'initie à la connaissance de *Brahman* (védantisme)

Brahman — l'être indifférencié, absolu, inconnaissable, incommunicable, qui remplit tout; identifié à l'*Atman* (védantisme)

chakra — ''roue'', ''cercle'': un des centres d'énergie psychique (au nombre de 5 ou 7 selon les autorités) correspondant approximativement aux glandes majeures du corps humain (védantisme)

chi — l'énergie cosmique (voir *prana*) (taoïsme)

deva — une énergie consciente et autonome, responsable d'une activité ou d'un secteur de la création; comparable à un ange (védantisme)

dharma — la loi cosmique, l'harmonie d'ensemble, l'ordre total dans lequel doit s'inscrire l'activité humaine (védantisme; bouddhisme)

dukkha — souffrance, frustration universelle de la vie humaine (bouddhisme)

dvija — "né une seconde fois"; conscient du Soi (védantisme)

fana — l'anéantissement, la dissolution de l'ego dans la Compassion-Amour (soufisme)

gouna — un des trois principes d'énergie de toute réalité créée; voir *sattva, rajas* et *tamas* (védantisme)

gourou — "celui qui dissipe les ténèbres"; le Divin est en fait le seul *gourou*, les *gourous* humains étant ses lieutenants ou canaux privilégiés (védantisme)

hara — centre d'énergie situé dans le bas-ventre (zen)

hatha yoga — *yoga* d'équilibre des forces, *yoga* corporel, méditation sur le corps au moyen d'exercices contrôlés (védantisme)

hadès — niveau inférieur de la conscience astrale, correspondant au domaine de l'éthérique (mystères grecs, religion romaine)

hologramme — procédé de reproduction visuelle tridimensionnelle au moyen d'interférences d'ondes (inventé par Dennis Gabor)

jiva — l'âme individuelle, l'individu (védantisme)

jivan-mukta — le "libéré-vivant", l'être réalisé pendant cette vie (védantisme)

jnana yoga — (prononcé *gyana*) le *yoga* de l'étude et de la conscience (védantisme)

kabbale ou cabale — tradition mystique juive

kalpa — un âge (un *maha kalpa* — un "grand âge" —, c'est le temps qu'il faut pour qu'un oiseau réduise à rien une montagne de la grosseur de l'Everest, en la frôlant tous les cent ans avec un voile léger; il faut 100.000 *maha-kalpas* pour faire un Bouddha) (védantisme)

karma — l'action, l'enchaînement d'actions; l'esclavage vis-à-vis de l'inextricable enchevêtrement d'actes répétés, de conditionnements posés dans le passé; le lien entre les actes et leurs conséquences (védantisme)

karma yoga — la méthode de perfectionnement qui consiste à agir mais sans s'attacher à son action (védantisme)

koan — un rébus insoluble au plan rationnel (zen)

lama — un maître tibétain (bouddhisme)

lila — le jeu cosmique de *Brahman* manifesté dans la création; cela s'appelle aussi *maya* (védantisme)

logos — raison, parole, dessein profond, sens caché (Philon; christianisme)

lung-gom-pa — la technique de trance qui permet au Tibétain de courir avec très grande rapidité des distances très longues pendant plusieurs heures sans aucune fatigue (bouddhisme)

mahayana — le bouddhisme du Grand Véhicule qui succède au *hinayana*; le *mahayana* est plus religieux (culte des *bodhisatvas*, etc.) que le *hinayana*, qui est plus sobre et plus technique (bouddhisme)

mana — énergie cosmique (Polynésie)

mantra — mot-semence qui permet, par la répétition, d'atteindre au-delà du mental (védantisme)

maya — l'interprétation illusoire de la réalité; le pouvoir créateur (védantisme)

metanoia — l'expérience de dépasser le mental, la trans-pensée (christianisme)

metta — la compassion-amour (bouddhisme)

moksha — l'état de libération complète (védantisme)

mu-ga — absence d'ego (zen)

mu-shin — absence de mental (zen)

nama-rupa — nom et forme: tout ce qui est perçu par le mental et les sens (védantisme)

nirvana — ''l'extinction de la flamme'' de la passion, du mental, de l'ego; l'état d'union avec l'absolu (bouddhisme)

nirvikalpa — le *samadhi* complet, l'absolu expérimenté dans la vie courante (védantisme)

oupanishad — texte fondamental de la sagesse hindoue (védantisme)

prana — l'énergie vitale universelle, exprimée dans l'homme par le souffle, etc.; (védantisme)

pranayama — le contrôle du *prana* (védantisme)

rajas — le *gouna* de la passion et de l'activité (védantisme)

samadhi — l'état au-delà du mental (védantisme)

sannyasin — un renoncé (védantisme)

satori — l'état sans ego (zen)

sattva — le *gouna* de la lumière, de la vie, de la pureté (védantisme)

savikalpa — le *samadhi* avec rapts, pas parfaitement fusionné avec la vie quotidienne (védantisme)

schéol — l'hadès (judaïsme)

sesshin — période intensive de méditation (zen)

Shiva — le troisième de la trinité hindoue: le dieu destructeur; transformateur; correspond au troisième *gouna*: *tamas* (védantisme)

Shrimad Bhagavatam — texte dévotionnel fondamental de la tradition hindoue (védantisme)

soufi — un mystique (Islamisme)

sunyata — le ''vide'', l'expérience de l'absence d'ego et ainsi, de ce qu'il n'est pas (zen)

synchronicité — une relation établie entre deux phénomènes ou expériences, sans lien causal ou rationnel; relation de résonnance et d'affinité (Jung-Pauli)

tamas — le troisième *gouna*, celui de l'inertie, de la paresse, de la négativité (védantisme)

tantrisme — un des quelque vingt *yogas* (védantisme; bouddhisme)

Tao — le principe universel, innommable, inconnaissable qui remplit tout et qui donne sens, force et valeur à tout (taoïsme)

tapas — l'action renoncée (védantisme)

Théravada — la tradition *hinayana* (bouddhisme)

tiferet — le Coeur, la Beauté, le Centre la Vérité dans l'arbre de vie (kabbale)

trimurti — la "triple manifestation", la trinité hindoue: *Brahma*, *Vishnu* et *Shiva* (védantisme)

tulpa — une forme mentale créée par une technique de concentration tibétaine et qui peut être vue publiquement (bouddhisme)

tumo — une chaleur intense produite au moyen d'une technique de concentration tibétaine (bouddhisme)

turiya — le "quatrième" état de conscience, au-delà du sommeil profond, du rêve et de l'éveil (védantisme)

vipassana — "l'éveil, l'attention intérieure" (*insight*); la méditation de l'attention éveillée qui observe sans jugement; la "voie moyenne" qui ne juge pas (bouddhisme)

wu-wei — la "non-action" de celui qui s'abandonne à l'action de la sagesse universelle habitant toutes choses (taoïsme)

Yi-king — le livre qui contient les directives pour s'aligner avec le *Tao* universel (taoïsme)

yin-yang — les deux principes complémentaires et inséparables contenus dans l'universel *Tai Chi*: l'Énergie-Sagesse universelle (taoïsme)

yoga — le système philosophique érigé par Patanjali; les techniques de perfectionnement physico-psycho-spirituel qui appartiennent à ce système (védantisme)

zen — la technique d'éveil intérieur héritée de l'Inde (*dyana* = méditation), retransmise par le chinois Boddhidharma (*chan* = méditation) et adaptée à la mentalité japonaise.

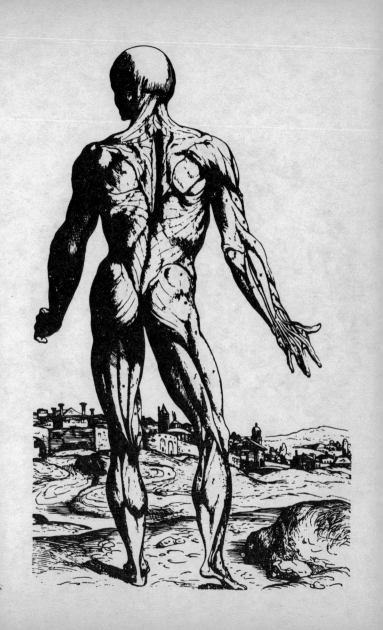

Placide Gaboury reçoit chez lui pour des consultations privées.

Il est également disposé à donner des conférences d'une soirée ainsi que des séminaires d'une journée ou couvrant une fin de semaine à des groupes qui le désirent.

Pour les conférences et les consultations, veuillez composer le numéro suivant:

Tél. : (514) 596-1819

Adresse de l'auteur:

Placide GABOURY
2503, rue Sheppard
MONTRÉAL (QUÉBEC)
H2K 3L3